오재경

자유언론 · 문예부흥 · 공공봉사에 헌신한 이야기

신 현 덕

서울대학교, 독일 Georg-August-Universität, 한양대학원 행정대학원, 몽골 국립아카데미에서 공부, 몽골에서 한국인 최초로 박사학위를 받았다.
세계일보 논설위원, 국민일보 국제문제 담당 대기자, 한국산업기술대학교 교수, 경인방송 사장을 역임했으며, 국민대학교에서 학생들을 지도하고 있다.
저서로는 독일은 서독보다 더 크다, 신현덕의 몽골 리포트 아내를 빌려 주는 나라, 몽골 풍속기, 몽골, 가장 간편한 글쓰기 등이 있다.

오재경

자유언론 · 문예부흥 · 공공봉사에 헌신한 이야기

초판 1쇄 인쇄 2016년 6월 10일
초판 1쇄 발행 2016년 6월 20일

지은이 신현덕 | **펴낸이** 윤진영 | **펴낸곳** 도서출판 대학서림
본문 디자인 디자인베이더
등록번호 제1-88 | **등록일자** 1965년 1월 20일
주소 서울시 종로구 혜화로 2길 8
전화 (02)763-1220 | **팩스** (02)744-1210
Homepage www.daihaks.com
ISBN 978-89-6940-133-5 04810, 978-89-6940-135-9(세트)

값 18,000원

오재경

자유언론 · 문예부흥 · 공공봉사에 헌신한 이야기

글 신현덕

도서출판 대학서림

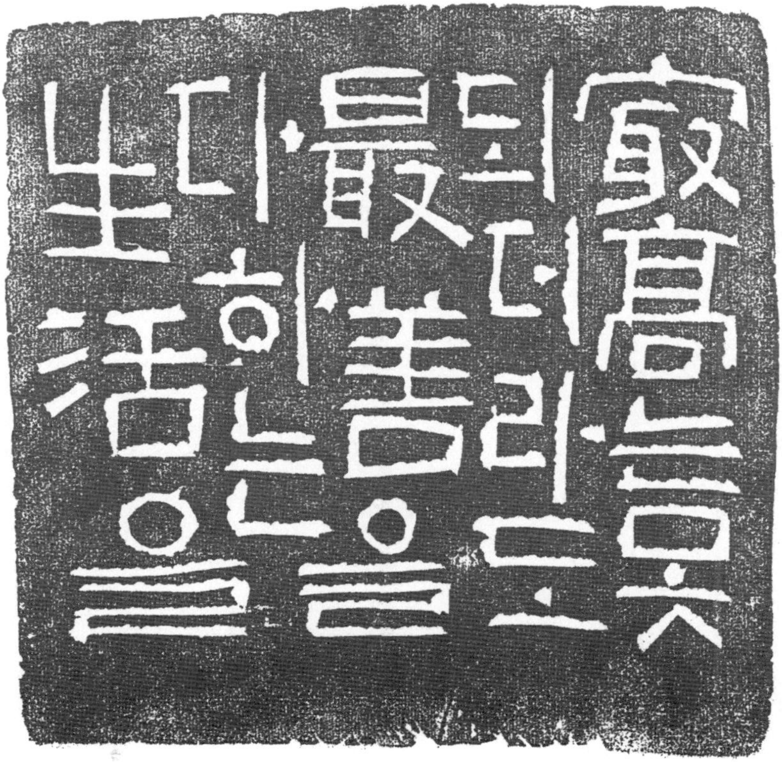

책을 내면서

쉬엄쉬엄 서울을 걷기 시작한지 4년째다. 발 길 닫는 곳마다 선인들의 숨소리와 몸짓과 이야기가 얽혀 있었다. 서울 성곽을 일주할 때 울타리 너머로 영빈관이 건너다보였다. 그 때 우연히 만난 한 노인으로부터 많은 이야기를 들었다.

노인에 따르면 영빈관은, 일제가 안중근 의사에게 저격당한 이등박문을 기리려 세운, 우리 민족에게는 치욕인 박문사 터에 지어졌다. 자유당 정부는 그 터에 영빈관을 지어 우리나라를 찾는 국가의 손님에게 일제의 폭정을 알리며, 그 곳에 머무르게 할 요량이었다. 터는 해공 신익희 선생이 생전에 불하받아 대학교가 소유하고 있던 땅을 얻어 냈다.

거슬러 올라가니 이를 해낸 이가 당시 공보실장이던 죽포 오재경이었다. 나와 죽포와의 인연은 이렇게 영빈관에서 연결고리가 맺어졌다. 그보다 몇 년 전 기독교 방송국에서 매일 새벽 생방송을 할 때 사진으로 그를 자주 보았다.

그는 38살에 국무위원이 됐다. 6.25 전쟁이 막 끝난 때였다. 그는 모든 것이 부족한 나라 상황에 구애받지 않고 많은 일을 해냈다. 예산도, 인원도, 물자도, 없으면 없는 대로 일을 꾸렸다. 국가에 필요한 것이면 무엇이든 일부터 먼저 했다. 그리고 행정과 예산은 다음에 따졌다.

모든 사람들이 한 주머니 챙길 수 있을 것이라고 생각하며 부러워하던 황실재산총국장을 할 때다. 그는 자기 주머니에 한 푼도 넣지 않았다. 오히려 부정하게 불하된 홍릉 등 수많은 황실재산을 온갖 압력과 회유에도 굴하지 않고 국가재산으로 돌려놓았다.

모든 사람들이 꺼리던 일도 정당하다 싶으면 했다. 4.19 와중에 정릉에 유폐된 것처럼 쓸쓸히 지내던 이방자 여사를 낙선재로 모셨고, 하와이에서 망명생활을 하던 이승만 대통령을 두 번이나 문병 갔다.

지난 해 여름 국립중앙도서관, 대학도서관 등을 들락거렸고, 먼지가 쌓인 1950년대 60년대의 신문철을 뒤졌다. 그에 관한 자료가 쏟아져 나왔다.

자유당 정권과 5.16군사 정부 두 곳에서 국무위원으로 발탁되었던 유일한 인물이었듯, 그는 우리시대 청렴의 상징이었다.

소중한 언론 자유를 지키기 위해 두 정권에서 장관직을 걸고 버텼다. 경향신문을 폐간하려고 나선 자유당과 이기붕에게 맞섰고, 언론인을 정화하겠다던 5.16군사정부에 불가함을 당당하게 말했다. 유신정권 때는 CBS 이사장으로서 방송이 공정한 보도를 할 수 있도록 든든한 바람막이가 됐다. 5공화국 때는 동아일보 사장으로 참 언론의 중요성을 일깨웠다.

그는 보수가 지켜야할 인간의 귀중한 권리를 앞장서 지켜냈으며. 진보가 해야 될 국가 개혁을 선두에서 이끌었다.

그런 그가 존경스러웠다. 요즘 같은 어려운 시기에 많은 사람들이 오재경을 알았으면 좋겠다는 생각이 들었다. 그리고 개혁과 변화를 바라는 사람들이 이를 접했으면 하는 바람이었다. 그래서 그에 대하여 모든 것을 정리하기로 했다.

오재경을 다시 생각하게 하는 좋은 말씀을 주신 김규 서강대 명예교수, 김동길 아시아태평양시대위원회 고문, 그리고 고인이 되신 방우영 조선일보 전 회장님 감사합니다.

끝으로 모든 자료를 내준 신우재 죽포회 회장과 오재경의 미망인 박보희 교수와 책을 만드느라 수고한 대학서림 윤진영 회장과 김량희 씨 등 관계자 여러분 감사합니다.

끝으로 내용 중 많은 부분을 죽포의 글에서 인용, 재인용했으나 일일이 밝히지 않았습니다.

북한산 자락에서

신현덕

목차

5 국가개혁에 부름받아

6 언론도 스스로 책임져야

7 영원한 봉사와 사랑 그리고 이별

회고담 내가 본 오재경

1 조국과 함께 살리라

대나무처럼 곧은 마음을 가지고 살길 원했으나, '맑은 물에는 고기가 살지 않는다'는 말처럼 너무 곧게 살다보면 외톨이가 되지 않을까 두려워하는 마음도 있었다.

그래서 곧게 사는 것이 외로운 것이 아니기를 원해서 죽포 즉 대나무 밭이라 호를 지었다.

어린 나이에도 자신만이 아니라 주위의 모든 사람이 대나무처럼 곧게 살기를 바라는 마음을 아호에다 담았다.

대쪽 같이 살려고 죽포라 했다

오재경은 3.1운동이 일어났던 1919년 음력 7월 10일 황해도 옹진에서 태어났다. 그가 태어났을 때 그의 아버지 오택관 목사는 서울에서 목회를 하고 있었다. 그러면서 백범 김구 등을 도와 독립운동에도 가담했다.

그는 5살 되던 해 서울에 올라와 처음으로 아버지를 만났다. 오재경은 그때를 회상하며 "아버지와 나 사이에는 분명 거리감이 있었다."면서 어린 나이에도 아버지 품에서 살갑게 지내지 못한 시절을 그리워했다. 그는 아버지가 담임목사를 맡고 있던 청계천변 하교교회 사택에 살며 이화여대 부설유치원에 다녔다. 그도 여느 어린이와 다름이 없었다. 청계천변에서 놀다 허방에 빠지기도 했고, 아이들과 물놀이도 했다. 유치원에서 그를 지도한 선생이 전쟁 고아의 어머니로 알려진 황온순 씨였다.

아버지가 일본 규슈 후쿠오카에 있는 교회로 임지를 옮겼다. 그곳에 살고 있는 우리 동포를 위한 교회였다. 그도 부모를 따라 일본으로 건너 갔다.

그는 조선학생이 없는 초등학교에 다녔다. 당연히 일본학생들 틈에서 외톨이로 공부할 수밖에 없었다. 수많은 일본 어린이들이 그의 상대였다. 처음부터 혼자서 버거운 경쟁을 해야만 했다. 그는 누가 자기를 조선인이라고 깔보거나 놀리면 상급학년하고도 싸웠다. 4학년 때 일본 아이들과 비밀 놀이를 했다. 새벽에 일어나 어른들 몰래 골목길을 청소하는 일을 동년배 일본 애들과 놀이삼아 경쟁했다. 그리고 이겼다.

상급학년 때는 일본 아이들과 이른 새벽에 오끼우도라는 묵과 비슷한 것을 팔고 다녔다. 도매가로 한 장에 7리(厘)에 사다가 집집마다 돌아다니며 한 장에 일전 씩 받고 팔았다. 백장을 팔면 40전이 남았다. 일본 아이들은 어른들이 다니는 큰 길로 다니면서 팔았다. 그는 어른들이 다니지 않는 골목길만 골라 다녔다. 수요가 있는 곳에 공급해야 잘 팔린다는 장사의 비법을 그때부터 터득한 것이다. 그렇게 용돈을 벌어서 썼다. 이 때 몸에 밴 새벽 장사 습관이 그를 평생 부지런하게 살게 했다.

그의 집에 오는 신도들은 모두가 가난했다. 신도 중에는 강제로 동원되었거나 끌려온 사람들도 있었다고 한다. 그들은 일본으로 건너와 하루하루의 삶 이외에는 정신을 차릴 수 없었고, 반은 자포자기 상태였다. 그는 어린 눈에도 그게 싫었다. 그는 집에 오는 모든 사람의 구두를 닦았다. 낡고 헐은 것은 이해했지만, 닦지 않아 더러운 것은 그냥 넘기지 않았다. 일본인에게 기죽어 사는 것이 싫었다고 했다. 모두가 깜작 놀랐다. 그 다음부터는 동포들의 태도가 달라졌다. 스스로 구두를 닦았고 옷을 깨끗하게 빨아 입었다. 동포들에게서 희망을 보는 듯 했다.

그의 어머니 조관애 집사는 누가 언제 집에 오든 하루에도 몇 번이고 밥을 지어 따뜻하게 대접했다. 그는 어머니가 목사의 사모님이라기보다는 굶주린 우리 동포 노동자들을 위한 무료 급식

소의 식모 같았다고 회고했다.

조 집사는 없는 살림에도 모든 것을 아낌없이, 기쁜 마음으로 나누어 주는 일을 큰 낙으로 삼았다. 오재경은 그때 참 봉사를 배웠다. 그는 어머니를 마음속의 아름다움을 행동으로 보여주는 천사라고 불렀다. 그의 어머니는 보기 드문 미인이었다. 그가 훤칠하고 호감 가게 생긴 외모가 어머니 덕이라고 말한 적도 있다.

아버지가 오사카로 옮겼다. 오재경도 오사카의 기독교계 학교인 도산중학(挑山中學)을 다녔다. 중학교 때 그는 아버지처럼 사는 것이 참다운 인생의 삶이라 생각했고, 그렇게 살겠다는 각오를 다진다.

아버지의 호가 송포(松圃)였다. 그는 아버지를 따라 살겠다면서 자기의 호를 죽포(竹圃)라 지었다. 어린 마음에도 대나무 같은 성격을 간직하기 위해서였다. '예' 할 때 '예' 하고, '아니오' 할 때 '아니오' 하라는 말씀따라 성격을 곧게 키워 나가기를 원해서였다.

대나무처럼 곧은 마음을 가지고 살길 원했으나, '맑은 물에는 고기가 살지 않는다'는 말처럼 너무 곧게 살다보면 외톨이가 되지 않을까 두려워하는 마음도 있었다. 그래서 곧게 사는 것이 외로운 것이 아니기를 원해서 죽포 즉 대나무 밭이라 호를 지었다.

그는 어린 나이에도 자신만이 아니라 주위의 모든 사람이 대나무처럼 곧게 살기를 바라는 마음을 아호에다 담았던 것이다. 오재경이란 이름과 함께 지금도 회자되는 그의 아호가 이렇게 생겨났다.

그가 좋아하는 사람은 끝까지 믿고 도와주고 이끌었고, 싫어하는 사람은 굉장히 멀리하며 산다고 비난을 들었다. 실제로 그렇게 했다. 그는 이처럼 '까칠한 도시의 남자'였다. 대나무처럼 주위에 그늘을 만들지도, 잎을 무성하게 달지도 못했다. 이런 그의 성격은 이때부터 형성되기 시작했다.

그는 정말 대나무처럼 평생을 꿋꿋하게 살았다. 때가 아니고, 머물 자리가 아니면 미련 없이 떠나던 그의 모습이 죽포라는 아호와 정말 부합한다.

'센징'이라는 말에 돌아 섰다

비교적 평범한 중학 생활이 이어졌다. 하지만 훤칠한 외모와 여학생들의 인기를 독차지 하는 그가 일본인 남학생들에게는 눈의 가시였다. 유도시간에 시합에서 진 일본 학생들이 그를 집단으로 괴롭히기도 했다. 정식으로 도전을 선언한 적도 있었다. 졸업 무렵에는 폭력 사태까지 번졌다. 한창 커나가는 청소년들이 그렇듯 일본인 학생들 사이에 그를 둘러싸고 분위기가 험악해지곤 했었다. 어떤 때는 담임선생이 그를 교무실로 데려가 화를 피하게 한 적도 있었다.

졸업 때가 되자 집안에서는 의사가 되거나 목사가 되길 원했다. 그는 그러나 이들의 기대와 달리 도쿄로 가, 1937년 역시 기독교계인 릿교대(立敎大) 경제학부에 입학했다. 그가 생전 처음으로 한국 학생들과 공부하는 기간이었다. 대다수가 일본인 학생들이었지만, 서울 부산 평양 등 전국에서 온 우리나라 학생들과 어울릴 수 있어서 좋았다.

우리 학생들끼리 모이면 인도 시인 타고르의 '동방의 등불'을 읊었다. 때로는 '조선의 노래'도 불렀다. 유학생들은 틈만 나면 일제의 감시 눈초리를 피해가며 조국 독립을 위해 무엇을 할 것인가를 토론도 했고, 일부는 독립 투쟁을 위해 학교를 떠나기도 했다. 그가 1941년 릿교대학을 졸업하고 난 바로 다음 해 시인 윤동주가 이 대학에 입학한다. 나이는 오재경보다 두 살이 위였지만 릿교대학 입학은 늦었다. 윤동주가 그 무렵 우리민족의 가슴을 애잔하게 적시는 시를 쓸 수 있었던 것이, 아마도 유학생 사이에 널리 퍼져 있었던 독립을 갈망하던 활동에서 영향을 받지 않았을까 생각해본다.

그에게는 여성들로부터 모성 본능을 불러일으키는 묘한 데가 있었다. 대학에서도 여학생들에게 인기가 대단했다. 특히 한 여학생이 그를 독점하고자 했다. 그 여학생은 그를 사모하다 마음의 병에 걸렸다. 여학생의 부모가 찾아와 그 여학생을 만나주기를 요청했다. 그 후 친구 사이로 발전했다. 어느 해 여름방학 때 그녀의 친구들과 바닷가로 여행을 갔다. 한 여학생이 친구에게 "너는 왜 센징과 사귀느냐?"고 묻는 말을 그가 들었다. 오재경이 미련 없이 그 여학생을 떠났다. 그 무렵 아버지가 귀국 했다. 일본이 교회를 박해하고 일본어로 예배를 집도하라고 강요했기 때문이다.

졸업 학년 때 피아노를 공부하러 온 이화여대생 신재덕과 만났다. 둘이 서로 사귀었다.

그가 졸업을 앞두고 일자리를 찾고 있었다. 대학에서 식산은행을 추천했다. 일본인과 한국인을 차별하지 않고 월급을 준다는 이유였다. 식산은행도 그를 원했다. 그는 거절했다.

국내기업인 화신백화점을 택했다. 그리고는 여성복부 근무를 자원했다. 창고 정리를 배웠고, 상품 진열을 새롭게 했다. 직접 여성 고객을 상대해 제품을 판매도 했다. 장안 여성들의 화제가 됐다. 모든 여성들에게 '품절남'이었다. 여성복부 매출이 급증했다. 3개월 후 화신백화점 사장의 조카가 불러 그의 비서가 됐고, 곧이어 박흥식 사장의 비서로 뽑혔다.

화신에서 비서로 근무하면서 신재덕과 1942년 4월 6일 태화사회관에서 정동교회의 김인영 목사 주례로 결혼했다. 신재덕은 청주출신이며, 서울 인사동에서 산부인과를 개업하고 있던 의사 신필호의 딸이다.

화신백화점에서 평양사범 출신의 비서과장 김갑린 씨를 만난다. 김 씨는 그에게 훌륭한 선배였다. 그는 오재경에게 시간만 있으면 그의 삶의 이야기를 들려주려고 했다. 그가 어느 날 점·선·원을 써 가면서 오재경에게 들려준 말이다.

"점이 선이 되어 원을 그리는 삶을 힘쓰라. 점은 우리들 한사람 한사람을 뜻함이요, 두 사람이 서로 손을 잡을 때 선이 되는 것이고 그래서 많은 사람들이 서로서로 손을 잡고 있을 때 둥근 원을 그릴 수 있다. 점이 선이 되어 원을 그리게 하는 것이 사랑이다."

오재경은 그 후 김 씨가 들려준 이 말을 자기의 삶을 이야기할 때마다 인용하곤 했다.

그러던 어느 날 대학 선배인 조선총독부 중앙시험소의 화공부장이었던 안동혁 씨가 보자고 했다. 그가 "남의 비서 노릇 한지가 너무 오래되었다"고 충고했다. 오재경도 그 뜻을 이해했다.

사표를 제출했다. 1944년의 일이었다. 그리고는 안동혁 씨의 추천으로 총독부 관리가 됐다. 조선총독부 산하 중앙시험소 서무주임이었다.

그가 일본 관리를 택한 것은 일제의 징용에서 벗어나기 위해서였다. 일본은 전쟁에서 패할 기미가 보이자 조선에 나와 있던 일본관리들을 본국으로 데려가거나 전쟁터로 보냈다. 그 빈자리를 조선인으로 채웠다. 그들은 그렇게 채용된 조선인은 징용에서 제외했다. 오재경은 일본을 돕는 것은 죽기보다 싫었지만 전쟁에 나가 혹시라도 광복군을 적으로 삼아 총을 쏘는 것은 생각할 수도 없었다. 그래서 총독부 관리로 들어갔다.

관리가 되기 위해 어쩔 수 없이 오산(吳山)으로 창씨개명도 했다. 일본 공무원이 관리로서의 첫 경험이었다. 총독부 관리로서 해방을 맞았다.

해방 후 미 군정청 보건후생부 후생시설국장이 됐다. 군정청에 와 있던 슈바카라는 미국 해군 대위가 일할 사람을 찾던 중에 부녀국장 고황경 씨가 그를 천거한 것이다. 그가 맡은 일은 외국에서 보내온 원조물품을 필요한 곳에 적절하게 분배하고 관리하는 일이었다.

혼란속에서 그의 도움이 필요한 곳이 있으면 어디든 달려갔다. 시설국장으로 있을 때다. 인간이하의 대우를 받던 지적장애아들을 차마 눈뜨고 볼 수 없었다. 그들도 인간답게 살게 하자고 그가 우겼다. 가정에서조차 돌보지 않던 지적장애아를 위한 각심

학원을 세웠다. 그가 이들의 인권을 지키려고 나섰다. 측은지심에서 비롯된 사랑이었다.

그 무렵 백범 김구 선생을 집으로 모셨다. 백범이 그 때 오재경에게 인간이 살아갈 도리를 말했다. 그 말씀 가운데 "인간과 동물이 다른 점은 해야 할 일과 해서는 안 될 일을 분간하는 데 있다." 고 하신 것을 잊을 수 없었다.

"해야 할 일이 있다면 목숨을 걸어서라도 해내야 하는 것이고 해서는 안 될 일이 있을 때도 역시 목숨을 걸어서라도 해서는 안 된다. 그래야 참다운 인간"이라고 말씀하셨다. 그런데 "그러한 일을 분간하지 못하는 사람들이 너무도 많은 세상"이라고 한탄하던 그분의 말씀을 가슴에 새기고 살았다.

오재경이 만주에 흩어져 있던 동포들 귀국 사업에 자진하여 나섰다. 그는 만주가 중공군 휘하로 떨어지자 기다릴 여유가 없다고 판단, 그들을 사지에서 구출해 내는데 앞장섰다.

대한민국 정부 수립 직전인 1948년 6,7월 두 달 동안 그가 일하던 보건후생부는 미군 LST를 빌어 8차례에 걸쳐 동포 12,000명을 천진에서 인천으로 실어 날랐다. 인천에서 출항하여 이틀에 걸쳐 황해 바다를 건너가 천진에 기항, 하루 만에 동포를 싣고는 이틀 걸려 돌아오는 험한 일정이었다.

이들은 일제 학정을 피해 식솔을 거느리고 만주 지역으로 건너갔던 우리 동포였다. 전쟁이 끝나서 한숨 돌리려는데 중공군이 만주를 점령했다. 그들은 '여우를 피하니 호랑이를 만난 격'이 되어 조국으로 돌아오기를 희망했다.

가장 더운 시기에 훈련이 전혀 안 된 민간인을 상륙함에 빈틈없이 실어 나르는 일은 전투 못지않은 위험한 일이었다. LST가 전투함이었으니 민간인을 위한 시설과 공간이 전혀 없었다. 한 항차 당 1500명씩을 먹고 재우고 쉬게 하려니 여간 어려운 일이 아니었다. 식사는 말할 것도 없고 급수 위생시설이 가장 곤란했다. 전염병이나 열사병 일사병 등이 걱정이었다. LST가 바다로 나오자 하늘을 가릴 것이 없는 갑판은 40도에 육박했다. 그는 아이와 부녀자들을 함교의 그늘이 진 곳에 모았다. 그리고 하루 한 번씩 물을 딱 한 모금씩만 공급했다. 그는 두 손 모아 기도하는 심정으로 죽지만 말아달라고 당부했다.

오재경은 이일을 즐겁게 해냈다. LST에서는 미군들에게는 통역이었고, 우리 동포에게는 고마운 봉사자였다. 인천에 도착해서는 그들을 고향으로 보내는 일까지 맡아 했다.

대한민국 정부 수립을 위한 일들이 시작됐다. 그의 아버지 오택관이 제헌 국회의원으로 황해도 옹진에서 당선됐다. 옹진은 황해도 땅이지만 38선 이남이어서, 6.25전까지는 대한민국의 관할지역이었다.

국회에 진출한 그가 국회 내 반민족행위특별조사위원회 위원이 됐다. 일제의 조선 통치에 기여했던 사람들을 골라내 그들을 공직에서 격리하고, 우리 국민을 심하게 다루었던 사람들에게 응분의 대가를 치르게 할 계획이었다.

미군정은 이들이 대부분 친일경찰, 친일관료, 친일 정치인이었음에도 불구하고 이들을 격리시키려는 한국인들의 활동에 반대했고, 결과적으로 반민족행위특별조사위원회는 제대로 활동을 하지 못했다.

이승만 정부가 수립된 다음에도 정부가 방해 공작을 펴는 바람에 어려움을 겪었다. 심지어는 당시 일부 세력들이 대법원장 김병로, 검찰 총장 권승렬, 국회의장 신익희 등을 제거할 음모까지 꾸몄었다. 이런 판에 오재경의 부친은 국회에서 반민특위를 맡았으니 그에게 가해진 압력이 어떠했을지는 상상을 하고도 남는다.

오 의원은 특히 일본에서 목회를 하면서 겪고, 본 일로 일본인들의 횡포와 그들을 도왔던 세력을 제거해야 한다는 뚜렷한 목적을 가졌으니 더욱 위험한 상황에 처했다. 오 의원은 그런 압력에 절대 타협하지 않았다. 그런 일들을 보면서 그는 중학교 때부터 보아온 아버지의 강직한 성품을 재차 확인할 수 있었다.

오재경은 대한민국 정부가 수립되자 감찰위원회 정인보 위원장의 비서과장으로 자리를 옮겼다.

6.25 때 풍전등화 같은 조국으로

1950년 4월 1일 오재경은 여의도 비행장에서 미국행 비행기에 올랐다. 이때의 미국방문은 UN이 초청한 훈련계획의 하나로, 미국의 사회사업 전반을 시찰하는 6개월 일정이었다. 그가 군정청에서 보건후생부 후생시설국장을 지낸 경력을 인정받아 초청된 것이다.

UN은 그와 황온순 김학묵 씨를 초청, 그는 미국으로, 두 사람은 영국으로 보냈다. 그는 미국 정부의 사회보장 담당 부서와 각 지역의 사회보장 단체 그리고 일반 가정을 차례로 돌아볼 예정이었다.

오재경이 비행기 트랩에 오르기 직전에 아내 신재덕은 "집 걱정 말고 가능하면 많은 것을 배우고 오라"고 당부했다.

당시 서울 시장이었던 이기붕 씨와 그의 부인 박 마리아 여사 등도 전송을 나왔다. 이기붕 씨는 장도를 빌며 작지만 여비까지 마련해 줬다. "많이 보고 배우고 와 나라를 위해 큰 일을 하라"는 말도 잊지 않았다. 이기붕 씨 부부는 아래 사람인 오재경이 출국하는데 직접 비행장에 나올 만큼 그를 아끼고 사랑했다. 어떤 이는 그가 이 시장의 외아들 강석 군 못지않을 정도로 사랑받았다고, 시샘 반 질투 반으로 말하기도 했다.

미국에 도착해 워싱턴을 시작으로 동부를 둘러보고 신시내티를 거쳐 6월 하순에는 자동차의 도시 디트로이트에서 계획된 일정을 소화하고 있었다. 디트로이트행 기차 안에서 우연히 미국 육군 대령 한 사람을 만났다. 서로 가벼운 이야기를 주고받았다.

대령은 오재경이 한국에서 온 것을 알고는 "지금 당신 나라에서는 조만식 선생과 거물 간첩 이주하, 김상용의 교환협상이 진행 중인데 머지않아 당신의 나라에 크게 어려움이 닥쳐올 것이다. 언제나 빨갱이들은 무서운 일을 획책할 때에 협상을 앞세운다."고 말했다.

그는 그 순간에는 아주 가볍게 들어 넘겼다. 디트로이트에 도착한 다음 날 6.25 발발 소식을 들었다. 청천벽력이었다. 미군 대령이 말한 바로 그대로였다. 오재경은 모든 일정을 중단했다.

그는 그날의 일기에다 적었다. "나는 가만히 있을 수 없어 숙소를 뛰쳐나왔다. 많은 사람들이 즐겨 걷는 공원을 지나서 이리저리로 헤맸다. 벗이 그리웠다. 같이 나라를 걱정할 수 있는 동족이 나에게는 필요했다."

그는 아무 것도 할 수 없는 자신의 처지를 생각하며 울분을 삭이느라 어딘지도 기억나지 않는 거리를, 먹을거리를 찾아 헤매는 승냥이처럼 쏘다녔다. 전쟁 소식을 듣고 난 후 곰곰 생각해 보니 그가 미국에서 만난 미국인들의 생각이 정리가 됐다. 그들에게는 한국의 앞날이 절망으로 보였다.

미국으로 되돌아간 미군 고문단장의 보고도 틀렸다. 북한에는 탱크가 한 대도 없다고 했었는데 그렇게도 많은 탱크가 삽시간에 우리 땅을 유린했다. 미국은 한국이 미국의 민주주의 방어

선 밖에 있다고 선언했고, 한국 안의 미군은 72시간 내에 한국에서 철수한다고 했었다.

그날 저녁 오재경은 미시간 대학에서 공학을 전공한다는 한국 유학생을 만났다. 유학생은 그가 머물고 있던 기숙사 같은 건물에서 공부하고 있었다. 오재경은 자기가 묵고 있던 방으로 그를 초대했다. 밤이 깊도록 나라와 전쟁에 대해 이야기를 나누었다.

그가 유학생에게 귀국하기로 결심했다고 말했다. 유학생은 "어리석은 일이다. 좀 더 생각해 보고 결정하라."고 마치 충고하듯 말했다. 그러면서 "한국은 이제 이 지구 위에서 말살 될지 모른다."는 말을 태연하게 했다. 오재경이 분노를 삭이며 그와 논쟁하듯 오랜 시간을 이야기했다. 결론은 없었다. 서로의 마음속에 자리한 조국에 대한 생각이 참 많이 다르다는 것을 확인만 할 수 있었다. 오재경은 그 후 그 청년의 이야기를 더 하지 않았다. 당시 유학을 갈 정도라면 뉘 집 자식인지 알 수 있었을 텐데도.

다음 날 오재경은 세탁소를 하는 한 미국인 선교사 부인의 집으로 옮겼다. 여비가 넉넉지 않은 그는 그들의 도움을 받았다. 그는 딸만 셋을 두고 있었다. 그의 남편은 전쟁이 일어나기 전 한국에 선교하러 가고 없었다. 그들도 그만큼이나 전장의 남편과 아버지의 소식을 애타게 기다리던 중이었다.

그들과 함께 서울로 국제전화를 신청했다. 때는 이미 늦었다. 서울이 공산군에게 점령되어 불통이었다. 이틀 동안 조국의 안녕과 가족, 귀국 문제 등을 고민하다 보니 코피가 줄줄 쏟아졌다.

코피가 그치지 않았다. 불덩이처럼 열도 났다. 네 모녀가 정성스레 간호했다.

그는 워싱턴으로 되돌아갔다. 그리고 귀국을 서두르기로 했다. 그는 '자신과 조국이 하나'라는 당연한 생각에 귀국을 위해 동분서주했다. 그를 초청했던 UN에는 '귀국이 빠르면 빠를수록 좋겠다.'는 뜻을 분명히 전했다. UN에서는 미국에 남아 있으라고 권했다. 그는 UN의 제의를 단호하게 거절했다.

그 때 오재경의 나이 겨우 서른 한 살이었다. 조국으로 돌아오면 군에 징집될 수도 있었다. 전쟁에 나가면 누구도 살아온다는 것을 장담하지 못하는 그런 때였다. 그는 그래도 돌아가야겠다고 결심했고, "목숨과 나라를 바꿀 수 없다"는 생각이었다.

장면박사가 대사로 근무하던 우리 대사관을 찾아 갔다. 우리 대사관에서도 어떤 타개책이 있었던 것은 아니었다. 자원봉사를 자처했다. 미국의 중요 신문에 실린 한국동란 관련 기사를 몇 부씩 오려서 우리 정부로 보내는 일이 고작이었다. 그는 그렇게라도 위기에 처한 국가를 도와야겠다고 생각했다.

귀국도 어려웠다

그의 귀국 계획이 여기저기에서 제동이 걸렸다. 미국정부가 오재경에게 출국을 보류하라고 통보했다. 미국은 6.25가 발발하자 한국을 방문하는 모든 국민에게 허가를 받도록 했다. 오재경은 한국인임에도 불구하고 그 조항에 걸려 마음대로 미국을 떠날 수도 없었다.

오재경은 미국 정부에 출국허가를 재차 요청했다. 기다리는 동안 그는 우리나라가 강하게 버티고, 가족과 모든 이들이 살아 있기만을 기도했다.

미국 독립기념일인 7월 4일에도 대사관에 가 일을 도왔다. 그날 오후에는 미국 독립기념행사장에서 풍선에 '대한민국 만세!'라고 적어 하늘로 날렸다. 소리 없는 기도문이었다. 그는 눈물을 훔치며 모든 이의 안녕을 빌고 또 빌었다.

전쟁이 발발하고도 열흘이 더 지났다. 그가 걱정 끝에 아내 꿈을 꾸었다. 미국 영화관에서 우리나라 '대한뉴스'처럼 피난민 소식을 상영한다는 말을 들었다. 혹시 스크린에서나마 아내 얼굴을 만날 수 있을까 하고 다음 날은 영화관에 갔었다.

근심으로 몹시 수척해졌다. 워싱턴에서 무작정 기다릴 수 없어 UN본부가 있는 뉴욕으로 갔다. 그렇다고 상황이 변하지 않았다. 귀국은 마냥 늦어졌다. 덧 없이 한 달이 지나갔다. 입술이 부르텄다. 한 여름이건만 자다가 식은땀을 흘렸다. 가위에 눌려 헛

소리도 했다. 조바심 나고, 애간장을 태웠지만 더 빠르게 귀국할 아무런 방법이 없었다.

귀국 편을 알아보러 다니다가 우연히 애국가의 작곡가로 알려진 안익태 씨를 만났다. 참 반가왔다. 가슴에 맺힌 이야기를 털어 놓을 수 있어서 좋았다.

그는 오재경의 귀국 계획을 듣고는 찬동하며 같이 흥분했다. 그는 그러나 혼자 간들 큰 힘이 될 수 있겠느냐며 오재경에게 스페인으로 함께 가자고 권유했다.

그가 국제정치의 대가인양 유럽에 가서 약소국들의 처신을 보라고 했다. 우리나라처럼 작은 국가가 살아갈 방도를 그곳에서 찾아보자고 했다. 마치 오재경에게 국제 정세를 배우라는 것처럼 말했다.

오재경은 실망했다. 그는 모든 것을 뿌리치고 귀국을 고집했다. 그가 안익태 씨에게 "개개인은 작지만 뭉치면 큰 힘이 된다."고 설파했다. 그는 그것이 민주주의라고 믿었다. 그 사이 미국의 소리(VOA) 방송과 인터뷰도 했다.

"같이 즐기고 함께 고생하던 동포들이 난을 당하고 있다는 것을 생각하면 여기에 가만히 있을 수가 없습니다. 나라가 있어야 내가 있다는, 민족이 있어야 내가 존재한다는 생각에서 돌아가는 것입니다. 여기 와서 어떤 분을 만났더니 너 하나 가서 무얼 하겠느냐고 하면서 도움이 된다기보다는 이재민 하나 더 느는 것뿐이라고 하더군요. 그러나 나는 하나의 보이지 않는 힘이 합하고 뭉

치어 강한 민족의 실력이 발휘되는 것이니 이 하나의 보잘 것 없는 힘을 무시하면 안 되며 더욱 값 비싸게 평가해야 될 것이라고 말했지요. 개인을, 하나의 힘을 멸시한 민족의 그리고 국가의 말로를 우리가 잘 보고 있지 않았어요? 그리고 나는 불행한 참사가 내일의 광명과 희망을, 그리고 모든 것이 국민의 자유와 행복을 약속해줄 것을 굳게 믿고 있습니다."

마침내 미국 육군성으로부터 출국허가를 받았다. 7월 31일 뉴욕을 출발했다. 미네아폴리스, 시애틀을 거쳐 8월 1일 도쿄로 날아왔다.

일본에 도착해 보니 사정이 미국과 사뭇 달랐다. 그는 "우리 일(한국 전쟁)에는 아무 관심도 없는 듯 보인다. 그저 답답하기만 하다."고 일본에서의 첫 느낌을 일기장에 기록했다.

오재경은 또 "일본인들은 일상생활 속에서 이러한 가장 중요한 요소를 망각한 듯 몹시도 초라하기만 했다."며 "해방이 됐고 떳떳한 독립국가의 국민이 되었으니 일본인들로부터 반도인이 아닌 한국인으로 대접받기를 원한다."고 적었다.

일본의 과오로 분단이 됐고, 지금 전쟁으로 생사의 기로에 서 있는데 무심한 일본인들이 야속했다. 오재경은 유학하던 때 일본인에게서 받았던 가슴속 상처가 되살아나는 느낌을 받았다. 일제 36년의 트라우마였다.

일본에서도 오재경은 한국으로 돌아갈 것만 생각했다. 엎어지면 코 닿을 것 같은 가까운 거리인데도 조국은 멀었다. 그는 하루도 빠지지 않고 동경에 있는 유엔 사무소를 드나들었다. 한국에 가는 연락 편을 알아보는 것이 일과였다.

UN에서 통보가 왔다. 보름 만이었다. 그 기간이 그가 일본에서 보낸 학창기간 만큼이나 길게 생각됐다. UN이 주선한 연락기를 남미출신의 캇슨 대령과 함께 탔다. 단 둘이었다.

캇슨 대령은 냉장고에서 아이스크림을 꺼내 그에게 주면서 "이제는 당분간 먹을 수 없을 것이니 많이 먹으라."고 권했다. 그는 아이스크림 하나였지만 그 때 일을 평생 잊을 수 없다고 했다. 그의 친절에 감동했다. 아니 일본인들의 무관심과 냉정함에 지친 뒤에 만난 외국인의 호의라서 더 했을 것이다.

오재경을 공보부장관 비서실에서 가까이 모셨던 이용찬 씨는 "(오재경이 6.25 발발 후 모든 것을 접고 귀국했다는) 이 사실을 알았을 때, 비교적 냉철한 나로서도 그분이 다시금 돋보였다. 각계각층의 내로라하는 사람들이 만약에 다급한 사태가 닥치면 해외로 도피하고자 은연중에 항공편 마련을 위해 혈안이 되었던 시기가 아니었던가. 그러한 때에 전란중인 고국으로 급히 돌아온다는 것은 아무나 할 수 있는 쉬운 일이 아니었다."고 존경을 표시했다.

전쟁 중에 내무부 총무과장이 되다

8월 15일. 드디어 한국 땅에 내렸다. 김해 임시 공항이었다. 반기는 이가 아무도 없었다. UN 동경사무소의 연락을 받고 마중 나온 지프차를 타고 UN사무소에 들렀다. UN사무소 책임자는 부산에 가야 있을 곳도 없을 테니 이곳에 머물면서 일하라는 것이었다. 오재경은 그의 뜻만 고맙게 받고, 우리 정부가 있던 임시수도 부산으로 떠났다.

거리에서 지나치는 피난민을 보니 전쟁의 대혼란이 피부로 느껴졌다. 도청 옆에 있는 감찰 위원회 사무실로 찾아갔다. 모두가 놀라면서 반겼다. 정식으로 귀국신고를 했다.

그곳에서 어머니가 영도의 피난민 수용소에 계시다는 뜻밖의 소식을 들었다. 고향 옹진에서 집안 식구들과 함께 목선을 타고 영도까지 오셨다는 것이다.

오재경은 먼저 아버지의 아주 친한 친구인 김길창 목사를 찾아갔다. 그가 학교를 가지고 있는 것으로 들었었다. 몰려든 피난민으로 학교도 별 수 없었을 것이라 생각하면서도 많은 교실 한 구석이라도 얻어 볼 참이었다. 당장 그날 저녁 풍찬노숙을 면하기 위한 방안이었다.

그를 만난 김 교장은 그의 이야기를 듣고, 그들 모자를 위해 그의 집 방 한 칸을 선뜻 내주었다. 그는 곧바로 감찰위원장의 빨간 세단차를 얻어 타고 피난민 수용소로 갔다. 어머니를 만났다.

거적때기 한 장을 거처로 삼아 머무르고 있었다.

어머니는 서울에서 피난해 왔을 아버지를 기다리고 있었다. 미국에 가 있었던 아들이 오리라고는 상상도 못했다. 어머니는 아들을 보자 너무도 반가워서 두 손을 꼭 잡고 한없이 울었다.

어머니도 아버지의 소식을 모르고 있었다. 수용소에 있던 모두가 모자의 상봉을 부러워했다. 전쟁으로 흩어진 가족과 만날 수 있기를 학수고대하던 수용소 사람들은 자기들의 일처럼 즐거워했다. 그리고 그의 어머니에게 아들이 장하다고 입에 침이 마를 때까지 이야기 했다.

사무실에 돌아와 도청 안의 사회부로 가서 이윤영 장관을 면담했다. 그가 중앙구호위원회 위원장이었으며, 총리서리를 겸한 신성모 국방부장관과 조병옥 내무부 장관이 부위원장으로 있었다.

이 장관은 오재경에게 즉석에서 UN 총연락관이라는 직함을 주었다. 그리고 "대구로 올라가 그곳 자인벌판에 운집해 있는 25만 명의 피난민을 도우라"고 구두로 명령했다.

자인에 가보니 모든 것이 엉망이었다. 왜관 변두리까지 적의 포탄이 비오듯 쏟아져 하루 앞을 내다보기 힘들었다. 피난민을 청도로 옮겨야 했다. 이들의 앞날을 보장할 수 없었다. 죽음과 동행하는 시간이 계속 되었다.

이 사실을 구호위원회 부위원장인 조병옥 장관에게 보고하러 갔다. 조병옥 박사는 그에게 이럴 때 되돌아와 주어서 고맙다며, 그날 저녁 숙소로 와서 저녁을 함께 하자고 했다. 오재경이 조 박사의 뜻을 따랐다.

저녁자리에는 조 박사와 그뿐이었다. 겸상으로 저녁 식사를 했다. 조 박사가 미국 내의 사정을 묻고 또 물었다. 그는 대사관에서 자원봉사하면서 들은 이야기와 신문에서 읽은 것들을 종합하여 간략하게 들려주었다.

자인으로 돌아가서는 피난민을 돕느라 눈코 뜰 새 없었다. 며칠이 지나 부산으로 내려오라는 연락이 왔다. 조 박사가 총리서리의 결재를 얻어 그를 내무부 총무과장으로 발령을 낸 것이다.

인천상륙작전으로 전쟁상황이 급변했다. 9월 28일, 서울이 수복됐다. 내무부 선발대가 10월 3일 서울로 올라가 사무실을 조선일보 사옥에 임시로 마련했다.

오재경은 다음 날 조병옥 장관을 모시고 서울로 갔다. 서울에 도착하자마자 기쁜 소식을 전해 들었다. 선발대 중 한 사람이 그의 부인 신재덕 교수가 혜화동에서 그대로 살며 기다리고 있다고 보고했다. 그는 혜화동으로 달려갔다.

아내를 만났다. 꼴이 말이 아니었다. 서울 점령기간 동안 그의 집이 북한군에게 징발당해 그들의 사무실로 이용되었다고 했다. 아버지의 납북 소식도 그때 처음 들었다. 북한군에게 끌려갔다는 것이다. 망연자실하였다.

정신을 차리고는 틈틈이 집안을 정리하기 시작했다. 그는 제일 먼저 피아노의 행방을 수소문했다. 전쟁 동안 생사를 모른 채 그리던 아내를 지탱해준 것이었다. 아내가 애지중지하던, 아니 삶의 가장 소중한 도구였다.

오재경은 며칠 뒤 경기상고 강당에 북괴군이 모아 놓은 피아노가 있다는 소릴 들었다. 북한으로 가져가려다가 미처 싣고 가지 못해 그대로 있다는 것이었다. 그곳에서 빨간 빛깔의 피아노를 찾아냈다. 아내를 만난 것 다음으로 반가웠다. 집으로 가져와 원래 있던 자리에 놓았다.

그것도 잠시. 중공군의 참전으로 서울을 다시 내주고 부산으로 내려가야만 했다. 1.4후퇴였다. 겨우 제자리를 찾아가던 가구들을 다시 간추렸다. 꼭 필요한 것들만 골라 식구들에게 들려 미군 수송선에 태워 부산으로 내려 보냈다. 오재경은 혜화동 집을 떠나면서 마지막으로 전깃불을 껐다.

다시 부산으로 온 오재경은 한남석 씨의 동대신동 집에 머물렀다. 한 씨는 그 때 인연으로 오재경의 밑에서 일하게 됐다. 나중에 문공부 해외공보관장을 지낸 그는 그때의 인연으로 오재경과 "피를 나눈 친형제 이상으로 깊은 인간관계를 갖고 함께 지냈다."고 말했다.

오재경은 6.25 때 모신 조병옥 박사를 이렇게 기억했다. "그 분은 크신 분이셨어요. 6.25때 대구와 서울에서, 후퇴해서 또다시 대구에서 1년 가까이 모셨는데 정말 여러 가지로 뛰어나신 분이셨어요."

조 박사가 '통일에 대한 나의 제안'이라는 의견서를 UN에 냈다. 처음부터 영어로 써나갔다. 흔히 우리말로 초안을 잡아 번역을 시키곤 했는데 조 박사는 달랐다. 오재경은 그때의 모습을 잊을 수가 없다고 말했다.

그는 또 "잘 생긴 모습이라고는 할 수 없지만, 호랑이 상인 조 박사께서 그 시대를 걸머지고 가는 지도자의 모습이었다."고 회상했다. "나라 잃은 시대를 평생 살아오신 분으로 해방과 독립, 그리고 6.25의 비극을 겪으시면서 국민을 위한 정치가 무엇인가를 생각하며 소신껏 일하시는 분으로 보였습니다."고 덧붙였다.

대구에서 있었던 일이다. 어느 날 아침 거리에 나가니 어제까지 거리를 지키던 군인들이 한 사람도 보이지 않았다. 그날 새벽에 군인들이 대구에서 모두 철수해 버린 것이었다.

갑자기 대구는 치안부재 상태가 되었다. 내무부 장관이었던 조 박사가 아무런 장비도 없는 경찰에게 군을 대신해서 대구를 지키도록 명령했다. 자칫하면 전쟁 통에 혼란이 올 수도 있는 상황이 별다른 소요 없이 넘어갔다. "훌륭한 결단이었으며, 그때 그 분의 결단을 잊을 수 없습니다."고 기회 있을 때마다 말했다.

그는 그 일이 조 박사가 대구에서 국회의원에 당선되는 결정적인 계기가 되었다고 생각했다. 그는 조병옥 장관을 모시는 동안 바른말 하기를 주저하지 않았다. 옳다고 생각하는 것들을 서면으로 구신(具新)하곤 했다. 그런데 그의 생각이 하나도 반영되지 않았다. 그래서 이제 떠나야 되나 보다 하고 어느 날 사표를 냈다.

조 박사가 "아니 왜 사표를 내는 거야?" 물어 "제 건의가 하나도 채택이 안 되는데 여기 있을 이유가 없지 않습니까?"라고 답했다. 조 박사가 크게 웃으면서 "자네가 시키는 대로 한다면 자네가 장관이지 내가 장관인가?"하고 사표를 반려했다.

조 박사가 내무부 장관에서 물러나자 오재경도 그 자리에서 물러났다.

곧바로 사회부 장관 허정 씨를 도왔다. 그해 11월 허정 씨가 총리서리가 되자 비서관이 되었다. 그 일도 그리 길지 않았다. 허정 씨가 그 자리에서 물러나자 오재경도 그만 두었다.

한동안 쉬고 있었다. 전쟁 중이라 정부도 개인들만큼이나 여유가 없었다. 장관 총리 등이 수시로 바뀌었다. 그들을 모시던 오재경도 직책이 수시로 변했다.

1952년 10월 김법린 씨가 문교부 장관에 임명되었다. 김 장관이 그를 직제에도 없는 보좌관으로 불렀다. 그에게 운크라(UNKRA 유엔한국재건단, 1973년 해체되었음)연락관을 맡겼다. 김법린 씨와의 인연은, 그가 감찰위원회의 위원이었을 때 맺어졌다. 오재경은 문교부 장관 보좌관으로 휴전을 맞았다.

포연이 멎었다

오재경은 나라가 '바람 앞의 등불'보다 더 위태로울 때 '미국에 남아 있으라, 유럽으로 가자'는 등 모든 유혹을 뿌리치고 전쟁이 한창인 나라로 서둘러 돌아와 죽음을 무릅쓰고 나라를 위해 일했다. 작은 힘이라도 나라를 지키는데 내놓겠다던 그는 전쟁기간 내내 고난에 처한 피난민을 도우며 정부의 구호활동이 원활하게 작동하도록 일했고, 국가와 민족의 미래를 생각하며 때가 되기를 기다렸다.

그는 휴전이 성립되자 김법린 장관 아래서 파괴된 학교 현장을 정상화하는데 주력했다.

국민 모두가 하루하루의 끼니를 걱정할 때, 그는 나라의 미래 인재 육성을 먼저 챙겼다. 그는 운크라가 효율적으로 활동할 수 있도록 운크라에 학교현장의 바른 정보를 제공했다.

책상과 걸상 교실은 없더라도 보고 읽을 교과서가 있어야 한다고 생각했다. 그는 무엇보다도 먼저 학생들에게 교과서가 제때에 공급될 수 있도록 하기 위해 동분서주했다. 하지만 국내에는 교과서를 인쇄할, 제대로 된 인쇄시설이 없었다.

그는 우선 운크라의 힘을 빌어 학생들에게 운크라가 외국에서 인쇄한 교과서를 어렵게 공급했다. 그리고는 국내에서 교과서를 인쇄하기 위한 인쇄시설을 지원받는 방안을 강구하고 있었다.

이 무렵 이승만 대통령은 석 달 안에 한글 간소화를 단행하고 신문들도 국문을 사용하여 지식수준이 저급한 국민들이 쉽게 읽게 하라는 요지의 담화를 발표했다.(동아일보 1954년 3월 29일)

담화가 발표되자 반대 여론이 들끓었다. 이른바 한글 파동의 시작이다. 반대 여론이 수그러들지 않자 경무대는 여론을 잠재우기 위한 방편으로 김법린 장관에게 책임을 물었다.

경무대는 4월21일 이선근 씨로 문교부 장관을 교체했다. 그것으로 해결될 줄 알았다. 4월 27일 국무총리가 훈령을 발표했다.

정부의 판단이 빗나갔다. 국민들의 분노는 다음해까지도 이어졌다. 국민들의 반발이 계속되자 이 대통령은 다음해 9월 성명을 발표했고, 한글파동이 막을 내렸다. 국가 전체가 이렇게 시끄러웠던 기간 오재경은 다른 곳에 한눈팔지 않고 문교부에서 그대로 근무했다.

방우영 조선일보 상임고문은 죽포회 모임에서 당시의 기억을 다음과 같이 말했다.

"내가 오재경 장관을 만난 것은 오십여 년 전의 일이다. 그때 나는 신문기자였고, 문교부에 출입하고 있었다. 어느 날 이선근 문교부 장관 부속실에서 한 젊은 친구를 만났다. 옷차림이 단정하고 용모도 수려한 그 청년은 영문으로 타이프를 치고 있었다. 유난히 눈길을 잡아끄는 청년이었다. 나는 비서실장에게 그가 누구냐고 물었다. 그랬더니 유네스코에 보고할 교육관계연구조사 결과보고서를 만드느라 잠시 나와 있는 오재경이라는 청년이라고 답했다. 그렇게 나는 오재경 장관을 처음 보았다."

그후 방 회장은 가끔 오재경 씨와 만나 깊은 대화를 나누었다. 방 회장은 어려울 때마다 오 장관의 도움을 많이 받았다고 털어놓았다.

오재경은 국민의 뜻을 거슬러 가며 정책을 집행하는 것에는 찬성하지 않았다. 그는 그런 것에 개의치 않고 오로지 그의 일만 했다. 운크라의 도움으로 교과서를 무상으로 공급할 수 있을 정도의 인쇄시설을 갖추는데 그의 숨은 공로가 컸다.

2 문예부흥을 위하여

제 1회 전국민속예술경연대회를 열었다. 이 행사는 정부수립 10주년 기념사업으로 창안됐다. 어떤 어려움이 닥쳐오더라도 반드시 우리 문화를 부흥해야만 한다던 오 실장의 의도가 가장 잘 담겨 있는 사업이다. 1958년 처음 시작한 이 경연대회가 지금까지도 매년 열리고 있다.

서른여덟 살의 국무위원

1955년 오재경이 아주 젊은 나이에 국무원 사무국 차장으로 부임했다. 국무원은 현재로 말하면, 위상은 조금 달라졌지만 국무회의다. 당시 국무원 사무국은 공무원 자격을 위한 고시와 전형 그리고 상훈을 담당하고 있었다. 더하여 공무원의 복무와 신분 보수까지도 담당하는 등 일반적인 사무를 총괄했다. 오재경이 36살로 그 자리에 앉았다. 그가 여기에 임명된 데는 아버지의 후광, 6.25때 보여준 행정능력, 군정청과의 원활한 업무 조정력 등이 작용했겠지만 무엇보다도 그를 아끼던 이기붕과 조병옥 씨의 지원이 컸던 것으로 알려졌다. 나이에 벅찰 수 있는 자리였다. 그가 국무원에 새바람을 불러일으켰다.

당시 국무원 사무국장은 문봉제 씨였다. 오 차장은 그 바로 아래 이사관으로 직급은 높았지만, 주사보다도 나이가 더 어렸고 국무원에는 그야말로 신참이었다. 그가 취임 초 정부 각 부처 사무실 전체를 점검하다가 경복궁 뒤에 있던 국무원사무국의 비품창고와 정부 소모품창고에 들어가 보았다. 정리가 엉망이었다.

담당 과장을 불러 깨끗이 정리하라고 지시했다. 며칠이 지나도 감감무소식이었다. 오 차장이 신참인데다가 나이도 어렸으니 직원들에게 지시한 내용이 제대로 실행되지 않기 일쑤였다.

어느 직장이든 눈에 보이거나 보이지 않을 정도의 차이만 있었을 뿐, 의례 신참례가 있듯 국무원에서도 그랬다. 오차장은 조선시대 유생들이 신참을 왕실 창고에 심부름 보내고 뒤에서 문을 잠그며 놀리던 것 같은 느낌이 들었다. 그가 작업복을 입고 청부 한 명과 비품과 소모품을 하나하나 정리를 했다. 화신백화점에서 배운 정리방법이 도움이 되었다. 선반이 제대로 구비되어 있지 않아 완벽하지는 않았지만 정리가 끝났다. 누가 창고를 담당하더라도 목록을 보고 쉽게 물품을 찾을 수 있게 만들었다.

창고 정리가 미흡했지만 대충 끝난 어느 토요일. 그가 경무대 비서 박찬일 씨와 명동에서 점심을 먹고 사무실에 돌아와 보니 이승만 대통령 내외분이 창고를 들여다보고 갔다고 했다. 대통령의 파격적인 행보였다. 국무원 사무실에 비상이 걸렸다.

몇 주일 전에 이 박사 내외분이 지금의 롯데백화점 자리에 있던 국립도서관을 예고도 없이 찾아 갔었다. 서고에 먼지가 많았고 책은 찾을 수 없을 정도로 여기저기 널려 있었으며, 쓰레기가 그대로 방치되어 있는 등 지저분해서 지적을 받았다.

그런 며칠 후에 도서관장이 파면당했다. 이런 일이 있었던지라 오재경은 주말 내내 불안하게 보냈다. 바늘방석에 앉아 있는 것 같았다. "파면이나 당하지 않을까, 이런 작은 일로 내 평가가 잘못 되는 것은 아닌가" 별의별 생각이 다 들었다.

보기보다는 소심한 그의 성격이 그대로 드러났다. 또 그가 모시는 상관이 자기가 정성을 다하지 못한 일로 어떤 어려움을 당하는 것은 아닌가. 걷잡을 수 없는 여러 가지 착잡한 생각 때문에 무거운 마음으로 월요일 아침 출근했다.

아니나 다를까. 경무대에서 문봉재 사무국장을 불러 올렸다. 사무국장이 경무대에 가 있는 동안 오재경의 심정은 지옥 같았다. 마음이 갈피를 잡지 못했다. 안절부절 어쩔 줄을 몰랐다. 그렇다고 함부로 표정을 드러낼 수도 없었다. 창밖만 바라봤다.

얼마 뒤 사무국장이 경무대에서 내려오며 싱글벙글했다. 사무국장은 "(대통령으로부터) 창고 정리가 잘 되었다고 칭찬을 들었다"며 좋아했다. 오재경은 대통령이 칭찬했다는 말을 전해 듣고는, 곧 그 공을 창고 관리를 맡았던 송기두라는 주사에게로 넘겼다.

누구도 달갑게 여기지 않는 구석진 창고에서 고물일망정 국가재산을 정성들여 관리하고 있는 송 주사야말로 공복 중의 공복이며 모범공무원의 표본이라고도 추켜세웠다. 그는 묵묵히 자기의 직책을 착실히 수행하는 송 주사를 아끼는 부하 중의 한 사람으로 기억하고 있었다.

국무원 차장이었던 그가 1956년 7월 23일 두 계단을 뛰어 장관급인 공보실장이 되었다.

그의 나이 38살.

파격 인사였다. 그는 취임사에서 "내가 이 자리에 앉으면서 의지할 수 있는 것은 단 한가지 밖에 없다. 그것은 서른여덟 살이라는 젊음뿐이다. 내가 여기서 실패하면 역시 젊은 사람에게는 일을 맡겨서는 안 되겠다고 할 것이고, 내가 무사히 넘어가면 일은 젊은 사람이 해야되겠다고 국민들은 평할 것이다."라고 당찬 각오를 밝혔다. 하지만 정부 내에서는 물론 언론계에서도 말이 많았다.

경향신문은 그해 7월 26일 "38세로써 공보실장에 임명된 오재경 씨도 역시 출세가도를 달리는 행운아의 한 사람이다. 그러나 해방직후 씨가 군정청 보건후생부 후생시설과장 대리로 관직에 발을 들여 놓은 후 설사 한직에 처할 경우가 있을 지라도 이에 굴하지 않고 끈기 있게 관계를 지켜왔다는 것이 오늘날 씨가 실장의 자리에 이르는 원동력이 되었을 것이다."라고 프로필을 시작했다.

신문은 그를 능력보다는 행운아라고 평가할 만큼 잘 모르고 있었다. 그가 행운(?)을 얻게 되기까지는 어떤 일도 마다 않고 일해온 것을 인정하면서도 그랬다.

그간 그가 거친 '내무부 장관 조병옥 씨 밑에서 총무과장, 허정 국무총리 서리 밑에서 비서관'을 역임한 것을 두고는 "이것은 즉 씨의 관계에 있어서의 다재다능을 의미하는 것"이라고 평가했다.

신문은 그러나 그 때까지도 그의 진면목을 보지 못하고, "한직이라 할지라도 사회부 촉탁 UN연락관이니 문교부 촉탁 운크라 연락관이니 하여 잠시 착리(錯離)한 관계에서 예비역이 되었다가 관계의 본바탕으로 되돌아오는 그의 인내력은 우리 사회에 있어서는 가장 영리한 처세술을 보여주는 것"이라고 꼬집었다.

또 "정치적 바람이 거센 우리나라 관계에 있어서 이토록 다채로운 행적을 더듬어 왔다는 것이 그다지 용이한 일은 아닐 것"이라면서 "인품과 기백에 있어서도 충실히 하여 주기를 바라며 민주언론창달에 이바지 하였으면 한다."고 끝맺었다.

심지어 경향신문은 오재경이 공보실장이 된 후 1년이 지난 1957년 7월 1일 기자석에서 "옛날에는 조상의 무덤을 잘 써야 출세를 한다는 풍수설이 관계를 지배하였는데 요새도 역시 명당자리를 택해야 출세를 한다는 미신(?)이 떠돌아. 그 명당자리는 아마도 국무원사무국 이사관실일 것이라는 설"이 돌아다닌다고도 했다.

이승만 대통령의 특명

그가 공보실장이 되는 데는 이승만 대통령의 각별한 애정이 작용했다. 국무원에서 그가 보여준 스마트한 행동과 업무 처리가 이 대통령의 눈에 들었던 것이다. 이 대통령은 젊은 오재경의 생각과 아이디어를 참신하게 생각했다.

이 대통령은 특별히 검토하거나 고려할 중요한 사안이 생기면 그를 찾았다. 주무장관을 제쳐두고 오재경에게 어떻게 해야 좋을지를 묻곤 했다. 오재경으로부터 정부 정책의 개선점과 앞으로의 추진방향 등을 따로 보고받기도 했다. 그에게 내려온 이 대통령의 '특명'들이다.

첫째, 국정교과서 발행체계를 재검토하라. 어느 날 갑자기 경무대에서 그를 찾았다. 이 박사는 그에게 국정교과서를 발행하는 대한문교서적주식회사를 재편하는 안을 만들어 보라고 지시했다. 그는 '문교부장관의 소관'이라며 물러나려 하니 이 대통령이 거듭 당부했다.

이 대통령은 "의무교육은 무상교육"이라며 "우선 국어 산수 책만이라도 무상으로 배포할 방안을 강구해보라"고 했다. 당시로서는 최대의 이권 사업으로, 업자들에게 휘둘리는 국정교과서 공급을 "공장을 정상적으로 운영하여 학생들에게 피해가 가지 않게 바로 잡으라"고 조용히 지시했다.

그는 이 명을 받들고는 문교부 장관을 찾아가 대통령의 뜻을 전하고 안을 만들었다. 이 회사는 오 실장이 김법린, 이선근 두 장관 아래서 근무할 때 운크라의 후원으로 회사를 설립, 국정교과서를 인쇄할 공장을 지어 가동하고 있었다.

설립당시 정부는 이 공장을 3부 교대로 가동하여 모든 국정교과서를 여기서 인쇄할 예정이었다.

교과서 품질을 높이고 가격을 낮추는 것이 정부의 계획이었다. 하지만 많은 부수를 외부에 하청부하고, 그 가격도 하청부에서 나오는 가격을 따랐으니 비싸 질 수밖에 없었다.

오재경은 대통령에게 그대로 보고했다. 국민보다는 자기들 잇속을 챙기려는 무리들의 농단은 예나 지금이나 변함이 없었다. 이 대통령도 이를 알고 시정하려고 한 것이다. 그러나 대통령의 능력도 이를 시정하는 데는 역부족이었다.

둘째, 관광사업 진흥책을 보고하라. 이것 또한 교통부의 소관임을 밝혔으나 이 대통령은 그에게 굳이 해 보라고 지시했다. 그는 이번에도 교통부 장관에게 그의 생각을 말하고 안을 만들어 경무대로 올렸다.

그는 보고서에서 "우리의 생활과 동떨어진 오늘의 관광사업이 하나의 새로운 산업으로 등장하려면 먼저 구황실재산총무국을 대통령직속인 관광청으로 개편하여 이에 관한 행정체계를 세우고, 그 아래에 관광공사를 두어 모든 관광자원을 이에 흡수하여 효과적으로 동원하여야 한다."고 체제개편안을 제안했다.

그는 또 "관광자원 중에서 가장 뚜렷한 것은 국민 개개인의 생활이다. 또한 관광사업은 결코 외국인만을 위한 것이 아니며, 외화획득만을 상대로 하는 것도 아니다."라고 분명하게 지적했다.

셋째, 반공청년단을 결성해라. 이 대통령은 오 실장에게 반공청년단 조직 결성을 도우라고 지시했다. 이 대통령은 젊은 그를 선거운동에 활용할 셈이었다. 그의 저서 '수상 22년'의 '생산성 없는 단체란 무익한 것'에 따르면 그가 백낙준 공진항 이선근 씨와 장관 몇이 회합을 가졌다.

그는 이 회합에서 "생산성 없는 단체란 백해무익하며 선거를 치르고 나면 사라지고 말 조직을 가져서는 안 된다."고 주장했다. 이 일로 그 회합은 성과 없이 끝났다.

그 뒤 그를 빼고 반공청년단이 결성됐고, 반공회관은 4.19 때 공격의 대상이 되었다. 조직을 이끈 사람들은 5.16후 어려움을 당했다.

넷째, 미국의 중요한 언론인을 안내하라. 김규 서강대 명예교수는 2015년 6월 18일 서울 강남의 어느 음식점에서 짐 루케스 기자 이야기를 하면서 "루케스와 함께 경비행기 추락사고 현장에서 살아 돌아오니, 이승만 대통령과 오 실장이 눈물을 흘리더라."고 했다. 김 교수와 일행이 비행기 추락 사고를 당했는데, 밤새

생사를 몰라 애타게 기다리던 이 대통령과 오 실장은 그들이 부상당한 모습으로 나타나자 눈물을 흘리면서 반가와 했다는 것이다.

다섯째, USO 한국 재단을 설립하라. 전쟁이 끝나고도 참전 외국 군인들이 한국에 많이 머물렀다. 이승만 대통령은 오 실장에게 나이 어린 외국 군인들이 외출 외박을 나와도 딱히 갈 만한 곳이 없다면서 이들을 가정처럼 도와주고 돌보는 기관을 만들라고 주문했다.

그 때 생각해 낸 것이 미국의 USO였다. USO는 사회봉사단체의 연합기구 United Service Organization의 약자다. 미국의 YMCA, YWCA, 천주교 지역봉사회, 유태교 복지회, 구세군 여행자 봉사회의 6개 단체가 연합해서 해외에 주둔하고 있는 미군병사들에게 그들의 집을 대신해 부모 같은 보살핌을 제공하는 기관이다.

오 실장은 여기에 착안, 봉사를 목표로 하는 서울로타리클럽을 끌어들였다. 그리고 언더우드 박사, 길모어 박사 등과 USO 한국 재단을 설립했다. 그 후 서울 USO는 이러한 뜻에 찬동하는 서울에 거주하는 한미 민간인들로 구성된 이사회로 운영되고 있다.

이 대통령은 오 실장을 믿고 속마음을 털어 놓기도 했다. 공보실장이 되고 나서 얼마 지나지 않아서의 일이다. 어느 날 밤 11시가 다 될 무렵 전화벨이 울렸다. 교환이 '여기는 경무대입니다.

각하께서 말씀하시겠습니다.'라고 말했다. 그리고는 대통령이 나왔다. 오 실장은 전화를 받으면서 줄곧 수화기 앞에서 절만 되풀이 했다.

이 대통령이 "미국의 아랜더 의원이 한국을 가리켜 '미국의 피를 빨아 먹는 자들'이라고 말했다."면서 몹시 분한 목소리로 오랫동안 통화를 했다. 대통령이 잠을 이루지 못하던 끝에 답답해 불쑥 전화를 한 것이다. 이 대통령은 미국 신문이 한국에 대해 좋지 않은 기사를 보도하면, 오 실장에게 전화해 화를 풀곤 했다. 이 대통령의 절대적인 신임 표시였다.

대통령의 신임에 정책으로 답했다

오재경 실장은 대통령의 절대적 신임을 바탕으로 모든 일을 강력하게 추진해 나갔다. 그는 실장에 임명되자마자 '6.25 전쟁으로 정부를 불신하는 국민들과 터놓고 소통할 창구' 마련이 시급하다고 판단했다.

그도 6.25 때 국민을 사지에 남겨 놓은 채 도망치듯 서울을 물러난 정부를 원망했던 적이 있었음을 상기한 것이다. 그는 우선 국민에게 정부가 하는 일을 제대로 알릴 도구를 찾았다. 그리고는 가장 손쉬운 것부터 시작했다.

돈 안 들어가는 일부터 착수했다. 오재경은 공보실장에 취임하던 날 중앙방송국(당시 KBS는 라디오방송만 하고 있었음)을 가장 먼저 찾아갔다. 방송국 직원들은 신임 공보실장이 초도순시한다고 하자 시큰둥했다. 또 한 명의 실장이려니 생각했다.

오 실장은 현관에 들어서면서 너저분한 사무실과 자리를 비운 직원 그리고 슬리퍼를 끌고 다니는 태도 등을 지적하면서 "기강이 말이 아니다."라고 경고했다. 그리고 악취가 풍기는 지저분한 화장실을 가리키며 호통을 쳤다. 그가 주장하던 깨끗한 환경을 강조한 것이다.

그는 그간 해이했던 직원들의 근무태도부터 바꾸었다. 그 후 매일 아침 KBS부터 들러 그날의 업무를 지시하고는 사무실로 출근했다.

방송국에는 즉시 대청소가 실시되었고 자리를 뜨는 직원이 없어졌다. 아나운서를 교육 시켰고, 청취자에게 다가가는 방송 프로그램을 요구했다.

허울뿐이던 국제방송도 새로 시작했다. 중파로 방송되어 해외에서는 들을 수가 없었던 것을 단파로 변경했다.

오 실장은 곧바로 한운사 씨를 방송연구실장으로 기용했다. 그리고는 '주간 방송'이라는 타블로이드 판 신문을 발행했다. 방송모니터를 위한 것이었다.

방송계에 비상이 걸렸다. '주간 방송'이 전 세계 방송의 움직임과 새로운 소식도 전했지만, 자신들의 방송을 모니터한 결과를 보도하자 긴장하기 시작했다. 그리고는 개혁을 서둘렀다. 대규모 인사가 이어졌다. 부임해서 한 달도 못 되어 방송과장 송영호 씨가 관리과장으로 전보되고 지방 방송국장들이 본부대기가 되는 등 인사선풍이 불었다.

방송은 방송에 참여하는 모든 이의 능력과 열성 그리고 창의성 없이는 이루어 질 수 없다고 판단한 것이다. 오 실장은 오래 몸담고 있던 장기근속자건 잘 아는 사람이건 가리지 않았고, 전문성을 기준으로 적재적소라고 생각하면 과단성 있게 인사를 단행했다.

그리고 여성 방송요원들에게는 결혼해도 사표를 내지 말라고 지시했다. 결혼하면 당연히 사표를 내던 규정을 고쳐, 결혼 임신 출산 등에 관계없이 근무토록 했다. 오랜 관행을 깬 것이다. 당시로서는 파격이었다. 그 첫 번째 대상자가 아나운서 강영숙이었다.

KBS의 기강이 세워졌다. 그리고 라디오 방송을 24시간 방송 체제로 전환하라고 지시했다. 동시에 정동 방송협회 건물에 들어 있던 방송국 내부를 개수하고 새로 제3, 제6 스튜디오를 만들었다.

열흘 뒤에는 서울 태평로에 있는 대한공론사(코리아헤럴드) 3층에 224석의 라디오 방송용 KBS 공개홀을 번갯불에 콩 볶아 먹듯 후닥닥 개관했다.

이와 함께 대전 방송국을 시작으로 이리, 광주, 대구, 목포, 청주 등 지방 방송국의 건물과 스튜디오를 모두 개수하였다.

휴전 직후 불에 탄 채 군색하게 방송을 해오던 부산방송국의 건물은 새로 지었다. 이로써 전국의 KBS가 건물과 스튜디오 등 방송 시설을 모두 갖추었다.

국민들의 반응이 금방 달라졌다. 새로 만든 KBS 공개홀에 방청객들이 주체할 수 없을 정도로 몰려들었다

"8월 6일부터 아침 방송이 연장되었고, 이미 100㎾ 대출력 중파 송신시설을 갖추고도 활용하지 않던 수원송신소를 가동하며 10월 1일부터는 도시방송과 농촌방송으로 나눠 이중방송을 했다."

뉴스시간도 하루 10회로 늘렸다.

국가가 본격적으로 대국민 홍보를 시작한 것이다.

시작 단계였지만 KBS에 전문 방송인 개념을 도입했다. 관리자가 아니라 방송만을 전담할 전문 인력이었다. 젊은 인재를 발

굴해 방송에 투입했다. 그가 뽑은 박종민 김규 이원희 신정휴 씨 등이 그 후 한국 방송계를 이끌어 갔다. 방송의 품격을 높이기 위한 작업도 동시에 진행됐다.

KBS 교향악단의 창단을 지시했다. 당시 교향악단을 창단한다는 것은 일반인들이 생각하기엔 재정, 인적구성, 운영 등은 말할 것도 없고, 예술에 대한 기본적인 이해가 없어 매우 어려운 상황이었다. 실제로 모든 여건이 정말 불가능에 가까웠다. 하지만 오 실장에게는 믿는 구석이 있었다. 그의 아내 신재덕 교수(피아니스트 이대음대학장 역임)를 생각하고 있었다.

교향악단 창단에서 가장 중요한 것이 지휘자를 선정하는 일이다. 지휘자의 능력, 개인성격 등에 따라 악단의 성격이나 연주곡목 등 모든 것이 정해지기 때문이다. 당시 오 실장은 신 교수의 도움으로 음악계 내부 상황을 소상히 파악하고 있었다. 그는 신 교수가 그즈음 지휘자 임원식과 '실험음악회'라는 실내악 운동을 펼치고 있던 것을 기억하고 있었다. 그는 임원식 씨를 지휘자로 초빙하는 방안을 염두에 두고 창단작업을 시작했다.

오 실장이 마음속에 이미 지휘자를 내정하고 있었으므로, 그 다음 것은 부수적인 일에 지나지 않았다. 창단의 실무 작업은 당시 KBS의 음악 계장이었던 김창구 씨가 맡았고, 또 실질적인 일에는 그의 대학동문인 이성재 이남수 씨 등이 외곽에서 참여했다. 그가 안 되겠다는 공무원들을 다독였고, 앞에서 진두지휘하며 자신 있게 밀어붙였다.

교향악단의 단원들은 해체된 육군교향악단의 잔류 멤버들을 주축으로 하여 채웠다. 임원식 씨도 나서 최영우 이재헌 양재표 씨 등을 합류시켰다. 교향악단이 비교적 순조롭게 창단됐다. 지금이야 여러 기관 단체 나아가 동호인들이 모여 구성한 교향악단까지 활동을 하고 있지만, 아무 지원도 없던 당시로서는 엄청난 일이었다. 한국 음악계가 우리나라 음악사에서 오 실장의 공로를 높이 평가하는 이유다.

내친 김에 일본이 식민통치를 위해 시작했던 KBS 방송국 청사를 정동에서 남산으로 옮기기로 했다. 일본 것이라면 지우개로 쓱쓱 지우고 싶었던 그가 터를 골랐다. 일본이 조선 침략의 거점으로 삼았던 왜성대 자리였다.

KBS 방송국 건물 신축을 서둘렀다. 그해 12월 8일 남산에 새로 연주소가 완공됐다. 남산 KBS의 출발이다. 대지 1,281평에 연건평 802평의 철근 콘크리트 3층의 현대식 건물이었다. 일반 직장에서는 생각도 못했던 샤워 시설이 3층 현업원 숙직실 바로 옆에 들어서는 등 당시로서는 보기 드문 훌륭한 건물이었다. 서두른 흔적이 여기저기서 보였다.

KBS 라디오 남산방송국은 준공도 되기 전에 건물로 먼저 이사를 했다. 건물 준공식은 이틀 뒤인 12월 10일이었다. 스튜디오 8개 중에서 2층에 있었던 제5 스튜디오를 아름답게 디자인 했다. 스튜디오 안에 복원한 악기들이 진열되었고 방석과 비단 보료가

놓였다. 창가에는 청전 이상범의 4계절 병풍이 둘러쳐졌다. 320석의 깔끔한 공개홀도 갖추었다.

공개홀이 장안의 화제가 되었다. 태평로에 있었던 공개홀과는 비교가 되지 않았다. 학생들의 퀴즈대항 프로그램이나 연예인 출연 공개방송 등이 있는 날이면 남산에 긴 줄이 늘어서기도 했다. 변변한 공개홀 하나 없던 KBS에게는 커다란 선물이었다.

KBS는 남산 신청사 낙성식을 하면서, 기념음악회를 열었다. 미국의 하프연주가 아서 로라, 플루트 연주가 에드워드 비토를 초청하여 임원식 씨의 지휘로 KBS 교향악단과 협연했다. 이와 함께 일주일동안 기념방송 예술제가 계속됐다.

이때 방송 시그널 음악도 도입되었다. '오 미오 바비노 카로'(오 나의 아버지)의 오페라 아리아가 매일 새벽 방송 시작 전에 먼저 전파를 탔다.

또 인간문화재들의 연주음악을 후세에 전하기 위해 국악라이브러리를 만들었고, 건전음악 보급을 위한 레코드 제작 등도 이어졌다.

국악 라이브러리는 오 실장이 가장 큰 관심을 가졌던 사업이다. 악보보다 구전이나 개인 기억에 의한 것이 많았고, 연주자에 따라 유파가 다르며, 맛과 멋이 전혀 상이하기 때문에 명인 명창들의 음악을 모조리 녹음하여 보존하여 두자는 취지였다. 연주시간도 길고 스튜디오 사정도 여의치 않아 중앙방송국의 국악담당자가 고생을 많이 했다.

오 실장은 방송인들을 위한 월간지 '방송'도 창간했다. 그는 방송에 종사하는 사람들로 구성된 각 직종 모임에도 가능하면 참석했다. 성우들 모인 자리나 아나운서 교육장 등 어디든 나타나 방송에 종사하는 사람들에게 힘을 실어 주었다.

극작가 이서구(李瑞求) 씨는 "남에게 들었을 뿐 아니라 내가 언뜻 곁눈으로 보아도 과연 공보실장(註 오재경)의 방송에 대하는 열의는 참으로 놀라운 바가 컸다."면서 "방송에 이 만큼 주력하는 분을 최고지휘관으로 맞이했다는 것은 우리나라 방송을 위해서 다행한 일"이라고 말했다.

그는 방송극을 쓰면서 '오 실장이 들을 것인데…'라는 조바심이 생기곤 했단다. 그가 "방송을 가장 열심껏 듣고 또 정평을 해주며, 잘못 된 것은 즉시 시정하고 개량할 것은 예산되는 대로 해놓고야 마는 솜씨를 아는 까닭일 것이다."라고 조심스럽게 설명했다.

라디오 방송이 제자리를 잡자 오 실장은 텔레비전 방송국 설립을 계획했다. 이승만 대통령의 재가까지 받았으나 재원마련이 불가능하여 접을 수밖에 없었다.

우리나라 최초로 세운 문화의 전당

오 실장은 정동 KBS 방송국 옆에 있는 6.25 때 불타다 남은 건물을 눈여겨보고 있었다. 옛 방송회관이다. 1층을 임차했다. 오 실장은 이 건물을 고쳐 이승만 대통령을 모시고 그의 첫 문화진흥사업으로 1956년 말 '국가부흥 사진 전시회'를 열었다.

국민들이 정부가 하는 일을 눈으로 보았다. 해가 바뀌고 전시가 끝나자 미군과 YMCA가 건물을 탐냈다. 오 실장이 완강하게 반대했다.

그는 이 대통령을 설득하여 이곳에 중앙공보관을 세웠다. 공보관은 처음에는 불과 20평 남짓한 공간이었다. 음악실에 영사기 한 대를 설치, 때로는 음악감상실로 사용되었다가 때로는 영사실로도 활용하는 다목적 문화의 전당이었다. 직원이라 해야 사무직 한 명, 경비원 두 명, 청소부 한 명 등 도합 네 명이었다.

이렇게 초라하게 출발한 공보관도 기구가 확장되어 관장으로 임수병 사무관이 부임하였고, 직원들도 여러 명이 보완되어 매주 정기적으로 음악감상회를 열고 대한뉴스를 상영했다. 이 작은 공간에서 정부 시책을 홍보하는 각종 행사가 줄을 이었다. 때론 일반 국민들에게 대여, 각종 발표회도 열었다.

6.25 후 전시공간이 전혀 없던 때였다. 모든 예술가들이 그들의 작품을 전시, 공연할 수 있는 유일한 공간을 반겼다.

외국인들은 이곳에 들러 한국 정부의 각종 시책을 확인하고,

한국을 이해하는 장소로 활용하였다.

오 실장은 중앙공보관을 "정부의 모습을 뭇사람에게 옳게 알려 주기 위하여 만들었다. 정부가 하는 일이 무엇인지 사실대로 국민이 알아야 할 권리가 있다."고 설명했다.

그는 홍보효과를 높이기 위해 중앙공보관을 사람들이 더 많이 모이는 소공동으로 옮겼다. 이를 책임진 이가 조돈준 씨다.

"그분(註 오재경 실장)은 나에게 새로운 중앙공보관을 개설하는 일을 하명했다. 가족들이 있는 부산에 내려가지도 못한 채 소공동에 있는 구 YMCA의 낡은 건물 앞에 도착했을 때에는 그저 암담한 심정을 억누를 수가 없었다. 그러나 오 실장의 뜻을 헤아리면서 일하기로 마음먹었다. 나는 그분의 허락을 받고 내 마음대로 건물내부를 개조, 보수해서 두 개의 전시장과 음악, 도서, 영사실과 간행물 발송실 등을 꾸몄고, 처음으로 방송문화연구실도 마련했으며, 각종 정부 자료를 비치해 8.15에 개관했다."

그는 또 "오 실장은 수시로 들러 일의 진행을 지켜보았다. 개관행사로 서예 및 미술계의 원로 작가 다수의 초대작품전을 열었다. 또 하나의 전시장에서는 꽃꽂이전을 가졌다. 오 실장은 개관 때도 그랬지만 그 후에도 중앙공보관에서 문화예술인들을 자주 만나 사정을 살피고 대화를 나누고 격려했다. 그들은 정부에서 예술계에 처음으로 관심을 가져주었다는 사실만으로도 크게 감동을 받았다."고 말했다.

오 실장의 현장 확인과 믿는 사람에게 일에 관한 모든 것을 위임하는 자세를 엿볼 수 있다. 또 지금까지는 정부가 돌아볼 엄두조차 내지 못했던 문화예술사업에도 전시장을 제공하고, 시작에 불과하지만 일부 비용을 지원한다는 것을 알렸다.

그는 제도 미비나 예산 부족을 탓하지 않았다. 국가에 필요한 일이면 늘 먼저 시작했다. 하지만 그가 일을 시작할 때는 늘 '흉중유성죽'(胸中有成竹) 즉 일을 처리함에 있어서 마음속에 이미 성산(城算)이 있었기에 자신 있게 밀고 나갔다. 일면 무모한 것처럼 보였을 수 있지만 실제는 모두가 계산된 것이었다. 중앙공보관 직제 관련 기사를 보면 오 실장 스타일이 고스란히 드러난다.

정부는 대통령령 제1-321호 '중앙공보관직제의 건'을 공포, 이미 개관하여 전시업무가 한창 진행 중인 때 비로소 공무원을 배치했다. 일을 하고 나서 일을 뒷받침하도록 정부를 설득한 것이다. 물론 책임도 그가 졌다.

그가 만든 공보관이 때마다 제 몫을 톡톡히 했다. 그해 한국영화평론가상 시상식이 공보관에서 열렸고, 서양화가 이세득 씨가 개인전을 열었다. 공보관은 또 이철향 서예전시회, 최신 대한뉴스 및 문화영화, 레코드음악 감상회 등을 개최했다.

공보관은 이처럼 국가홍보를 위한 공간만이 아니라 '문화예술의 전당'이었다. 문화생활을 거의 못하던 당시 시민들에게는 메마른 사막에서 오아시스를 발견한 느낌이었다. 전시 공연 공간이 없었던 예술가들에게는 그들의 예술적 기량을 펴 보일 수 있는 유일한 발표공간이었다.

오 실장이 그 무렵 국무회의에 제기된 얼토당토않은 문제와 맞닥뜨린다. 김활란 박사가 국무회의 석상에서 조선일보 제호를 바꿨으면 좋겠다는 의견을 내놓았다. '조선'은 조선인민공화국에서 쓰는 '조선'과 어감이 같아 왠지 거북하다는 것이었다.

국무회의에서 논란이 됐다. 오 실장은 이 문제를 조선일보가 해결하도록 했다. 조선일보에는 비상이 걸렸다. 제호를 바꾸게 되면 그간 쌓아온 조선일보 역사가 하루아침에 흔들리는 거나 다름없었다.

조선일보사는 회사의 존립과 제호 '조선'을 지키기 위해 부심했다. 이승만 박사가 결론을 내렸다. "조선은 우리나라의 고유명사다. 그러니까 조선이라는 이름이 문제될 게 없다. 제호를 바꾸지 말고 조선일보 그대로 쓰라."고 했다.

영상으로 보여준 정부 홍보

해가 바뀌어 1958년이 됐다. 오 실장은 새해를 맞아 국민과의 소통 창구로 듣는 방송과 병행하여 영상으로 보는 홍보수단을 강화했다. 국립영화제작소를 확대, 개편하여 국가 홍보영상물을 대량으로 제작하기 시작한 것이다.

영화현상작업을 새로운 방법으로 개량했다. 오 실장은 촬영소 건물을 짓기도 전에 미리미리 기자재부터 확보했다. 영화촬영소가 촬영용 35밀리 밋첼 BNC 카메라를 구입했는데 이것이 당시 한국 영화계에는 커다란 뉴스였다. 또 필름 구입 방법도 변경, 국고를 크게 절약했다.

외국에서 직접 사들이면 필름 한 자당 5백 환이면 족할 것을 중개인을 거쳐 2,600환 이상을 내고 간접적으로 구매하고 있었다. 중간 업자가 폭리를 취한 것이다.

오 실장은 미공보원장 마크 나이트 씨에게 부탁, 먼저 그들의 재고에서 필름을 빌려 썼다. 그리고 경제협조처장에게 이야기해 필름 구입비로 마련되어 있는 4천만 환을 주었다. 공정 환율(당시 1달러 당 400환)로 환산하여 10만 달러어치 필름을 수입했다. 결국 같은 예산으로 5배 이상의 필름을 확보했다. 잠깐 생각하고 방법만 바꿔도 국익에 크게 도움이 된다는 것을 일깨운 것이다. 그는 이처럼 일선 공무원들에게 귀감이 될 국고 절약, 실용, 품질 향상 등을 솔선수범했다.

경향신문은 ‘두 돌 맞는 오 실장’ 기사에서 “오 공보실장의 취임 두 돌 날. 마침 운크라 원조에 의한 공보실 영화촬영소의 낙성식도 올리고…좀 드라마타이즈 되었다는 평도 없지는 않았으나 돌 잔치(?)는 몹시 다사로왔다.”고 소개하였다.

신문은 “기자실에 나타난 그가 앳된 낯에 웃음을 피우면서 ‘운크라의 콜터 단장이 키가 작아서 아주 멋있게 됐다’고 사진 한 장을 내밀었다.”고 설명했다.

그는 기자들에게 멋쩍은 듯 “벌써 2년 째 굴어먹으니 카메라 앞에 어떻게 서면 사진이 어떻게 나온다는 것을 알게 됐거든…다른 장관들은 감사장을 줄 때 공연히 허리를 크게 굽히니까 보기 싫거든” 하고 말했다.

사진 속의 오 실장은 정말 실물이상으로 의젓했다. 신문은 또 “2년 동안을 같은 ‘의자’에 앉아 있다는 것은 이 나라에선 특례에 가까운 노릇인데…”라면서 그의 새로운 계획을 알린다. 한정된 지역에서만 공보효과를 거두는 영화로는 한계를 느낀 그는 농어촌에도 국가 공보활동을 펼쳐갈 사업구상을 발표했다.

이미 경기도 광주에서 시범적으로 시작했던 부락별 앰프 설치 마을을 전국으로 확대한다는 계획이었다.

그는 앰프 설치 후 광주군에서는 정부 시책에 호응하는 가구가 크게 늘었다는 것을 기초 자료로 제시했다. 밀어붙이기로 일을 처리한다는 말을 듣던 그가 제법 근거자료까지 제공하면서 기자들을 설득한 것이다.

그는 "농촌경제를 생각할 때 집집마다 라디오를 가지랄 수도 없고 해서 이번에 부락별로 앰프를 설치"한다고 자신있게 발표했다. 영화제작비를 절감하여 얻은 돈을 농어촌으로 돌려 혜택받는 지역을 확대한 것이었다.

우리 문화를 알려라

문화정책이 초고속으로 집행되는 가운데 오 실장이 이승만 대통령의 월남 방문에 공식 수행원으로 동행했다. 이승만 대통령이 3박 4일간 월남을 국빈으로 방문하여 두 나라 간의 우의를 다지고 왔다.(실제일정은 비행기 연결 편 때문에 4박 5일이 되었음)

대통령 일행은 월남에서 영빈관에 머물렀다. 여기서 힌트를 얻은 오 실장은 귀국 후 이 대통령에게 "우리나라에도 국빈을 영접할만한 곳을 시급히 마련해야 하지 않겠느냐."고 건의했다. 이 대통령이 곧바로 "어디 좋은 곳이 있는지 알아보라."고 지시했다.

그가 이 대통령의 지시에 이곳저곳을 물색하다가 지금의 신라호텔 자리를 찾아냈다. 이곳에는 안중근 의사에게 저격당한 이토 히로부미(伊藤博文)를 기념해서 세운 박문사(博文寺)가 있었다.

이곳에 영빈관을 지으면 일제의 흔적도 지우고, 한국에 온 외국 정상 등 귀빈에게 일제의 식민 폭정을 알리는 효과를 거둘 수 있는 양수겸장의 자리였다.

이 대통령이 직접 현장을 답사하고 좋다고 승낙했다. 그 때 이 터는 해공 신익희 씨가 생전에 재단이사장으로 있었던 국민대학교(註 오재경의 표기에 착오가 있어 바로잡음)에 불하한 것이었으나 오 실장이 당시의 재무부장관 김철호 씨에게 요청, 이곳에 국빈이 묵을 영빈관을 지었다.

그 후 4.19와 5.16을 지나고 정부가 몇 번 바뀌는 동안 정부가 국영사업을 민영으로 전환하는 과정에서 소유주가 변했다. 그의 표현처럼 어떻게 된 일인지 일제의 잔악상을 알리겠다던 본래의 의미는 간 곳 없었다. 오 실장은 생전에 이곳에 들를 때마다 감회가 새롭다고 말하곤 했다.

오 실장은 1958년 6월 25일 KBS 라디오가 기획한 특집방송을 허가했다. 6.25의 쓰라린 기억을 잊어가는 국민들에게 정순일 작의 가공 실황중계를 내보냈다. 라디오 방송을 들은 청취자들의 격려 전화가 방송국의 업무가 마비될 정도로 걸려 왔다. 아픈 과거를 회상하며 국민들은 라디오를 부여안고 울었고, 다시는 전쟁을 하지 말자고 각오를 다졌다. 효과만점이었다.

또 김희창 작 '광교다리에 나타난 도깨비'는 사회현상을 신랄하게 비판했다. 드라마에서 광교다리 밑에 갇혀 있던 도깨비가 복개공사로 세상에 나와 감옥에 갇힌 죄수를 풀어주었다. 이 드라마에선 돈이 모든 문제의 해결책이었다.

돈만 있으면 모든 일이 다 해결될 수 있다는 잘못된 당시의 사회상을 꼬집었다. 한 편의 라디오 드라마가 모든 국민을 집안으로 불러들였다.

이때부터 KBS 방송 프로그램은 문학성이 담긴 순수문예극, 사회 풍자극 등을 꽃 피우는 융성한 시기를 맞이했다. 오 실장이 '방송은 방송인들이 알아서 해야 한다'는 평소의 소신에 따라 방송작품의 주제에 제약을 가하지 않은 결과였다.

오 실장은 국내에 상주하는 외국인을 상대로 한 국가 홍보에도 소홀하지 않았다. 당시 6.25에 참전했던 UN군 장병들이나 전후 복구사업을 위해 왔던 UN기구 사람들이 우리나라에 와 있는 동안 여가를 즐길 수 있는 시설이 전혀 없었다.

그는 6.25동란 때 우리 나라에 왔다 간 UN 장병들이 '세상의 끄트머리, 가서는 안 될 나라'라고 말한다는 것을 보고 받고 이를 고쳐야겠다고 마음먹었다.

그가 생각한 것이 "외국인들이 언제나 자유로이 출입하며 여가를 즐기고 한국의 문화에 젖을 수 있는 공간 제공"이었다. 요즘이야 국내 어디를 가나 세계 어디에 내놓아도 빠지지 않을 시설이 넘쳐나지만 당시 서울에는 그럴만한 곳이 없었다.

그가 생각한 것이 우리 문화와 예술을 소개하며 외국인에게 자유로운 장소가 될 한국의 집 즉, 코리아 하우스였다. 적당한 터를 찾다보니 마침 일제 때 그 무섭던 정무총감의 관저였던 서울 중구 필동의 한 가옥이 미군의 징용에서 풀린 것을 알았다.

이 가옥이 정무총감의 관저였으니 당연히 적산으로 분류되어 있었다. 당시는 국가에 귀속될 '적산은 먼저 차지하는 사람들이 임자'라고 하던 때였다. 이 가옥도 잿밥에만 눈이 밝은 세도가들이 침을 삼키며 차지할 기회를 엿보고 있었다.

오 실장은 이승만 대통령에게 외국인을 위한 문화공간의 필요성을 진언했다. 대통령이 그 중요성을 먼저 생각하고 있었다. 이 대통령도 오 실장 계획에 공감했다.

기회를 잡은 오 실장이 정무총감 관저를 사용할 수 있게 해달라고 간청했다. 오 실장의 의도를 잘 알고 있었던 박찬일 비서관도 옆에서 거들었다. 이 대통령의 재가가 났다. 오 실장은 먼저 그 집을 무작정 헐었다. 좋은 집을 부순다고 말들이 많았지만 꼴도 보기 싫었다. 아니 일본의 흔적을 그대로 두고 싶지 않았다. 그 자리에 미8군의 도움을 받아 해방 이후 제일 큰 한식가옥 한 채를 짓기 시작했다.

그는 한미재단에서 한식 대문을, 건축협회에서 한식 별관 한 채, 동림산업 함창희 씨로부터는 그가 소유하고 있던 조선말 학부대신이었던 이재곤의 서재를 기증받았고, 이응준 체신부장관으로부터는 중앙청 앞의 옛 6조 청사를 옮겨오도록 허가 받았다. 김정렬 국방부장관으로부터는 헌병사령부 땅 일부를 얻었고, 동양통신 김성곤 씨에게서는 온실을 기증받아 멋지게 꾸몄다.

여기에다 원로화가들이 자원하여 덧문에 백여 폭의 그림을 보탰다. 필요하면 국고로 그림을 구입했다. 국가가 화가 개인의 그림을 사들이는 첫 시도였다.

한국의 집을 어렵게 준공했다. 한국의 집에서 우리나라를 알리는 크고 작은 행사를 끊이지 않고 열었다. 정인섭 박사를 초청하여 외국장병들에게 '한국의 풍속'에 관한 강연을 했고, 이두현 서울대 교수의 협조를 받아 봉산탈춤공연, 외국인 그네뛰기 대회 등을 개최했다.

오 실장을 모시고 한국의 집 관장으로 일했던 김원호 씨. 미국주재 공보관장을 지내기도 했던 그는 오 실장이 "한국의 집 건립에 완전히 미쳐 있었다."고 회고했다. 그는 한국의 집을 건립하기로 결심한 당시의 오재경 모습을 한마디로 이렇게 요약하고는 "나는 잊을 수가 없다."고 말했다.

그의 말에 따르면 소요예산도 책정되어 있지 않았고 정부의 기구설립 절차도 끝나지 않았으며, 물론 필요한 인원도 배치되어 있지 않았다. 한국의 집을 건립한다는 의지와 한국의 집이라는 이름과 도와줄 공무원 두 명이 전부였다.

오 실장은 자신감에 넘쳐 있었고 꼭 하고야 말겠다는 의욕에 차 있었다. 한국의 집을 건립하기 위하여 뛰고 또 뛰었다. 오 실장은 매일 본청 출퇴근 전후, 공휴일까지 하루도 거르지 않고 현장에 나와 공사를 감독하고, 지시하고, 독려했다.

오 실장이 공사인부들을 동원해 유럽 가정에서 흔히 볼 수 있던 벽난로를 지으려고 했다. 하지만 국내에는 벽난로를 지어본 경험을 가진 기술자가 전혀 없었다. 공사가 뜻대로 이루어지지 않자 그가 직접 나섰다. 와이셔츠 소매를 걷어붙이고 직접 흙손을 잡았다. 지었다 헐었다를 10여 번 반복했다. 결국은 성공했다.

오 실장과 오랫동안 친구로 지냈던 언더우드(Horace G. Underwood) 연세대학교 교수는 "내가 오 박사를 기억 속에 뚜렷이 담게 된 것은 필동에 있는 한국의 집이 그분의 솜씨로 마련된 때가 아닌가 한다."며 이야기를 시작했다.

그는 오 실장이 "한국의 집을 세워 아름다운 무대에 한국전통음악과 무용을 담아 이곳을 찾는 외국 사람들에게 한국의 아름다움을 담뿍 안겨주었을 뿐 아니라 전통적인 무용예술을 마련하여 한국인 스스로에게 전통예술에 대한 사랑과 높은 위상을 불러일으키게 했다."고 말했다.

언더우드 교수는 또 "한국의 집에서의 수준 높은 무대예술에 대한 기대는 한국 고유의 음악과 무용을 전공한 사람들을 크게 자극, 이를 개발시켰고 나아가서 국악교육을 위한 학교설립과 발전에 크게 이바지한 바 있다고 믿는다."고 한국 예술교육 발전과도 연계시켰다.

문예부흥을 이끌다

오 실장은 우리 문화부흥으로 눈을 돌린다. 휴전 이후 국가가 어느 정도 제자리를 찾자 외래문화로 인해 급격하게 변화해 가는 우리의 문화를 보며 가슴아파했다.

정부가 선 지 10년이 되던 해, 오 실장은 '10년이면 강산도 변한다'는 속담을 들며 우리 문화 찾기 활동을 시작했다. 우리 것을 부흥하고, 그 다음 외국의 앞선 것을 받아들여야 한다고 조용하게 주위를 설득했다.

그는 젊은이들이 외래문화를 무작정 수용하는 것을 지켜만 볼 수 없다고 말하곤 했다. 오 실장은 '문화는 생활'이라는 소신을 가졌다. 일상을 떠난 문화란 참된 것이 아니라 가식이라는 뜻도 밝혔다.

그는 기회가 있을 때마다 우리의 유형, 무형의 문화적 유산을 보존하고 가꾸어 현재보다 더 나은 것으로 향상시키는 것이 필요하다고 설파했다. 마침내 한국 문예부흥을 위한 구상을 실행에 옮겼다.

제1회 전국민속예술경연대회를 열었다. 이 행사는 정부 수립 10주년 기념행사로 창안됐다. 어떤 어려움이 닥쳐오더라도 반드시 우리 문화를 부흥해야만 한다던 오 실장의 의도가 가장 잘 담겨 있는 사업이다. 1958년 처음 시작한 이 경연대회가 지금까지도 매년 열리고 있다.

전통음악과 가면극, 민속무용, 연희놀이 등 무형문화재의 예능보유자를 출전시켜 한마당 풍류마당을 즐겼다. 우리 것에 목말라 하던 관람객들은 줄광대가 아슬아슬 하게 줄을 타면 "어휴!"하고 소리를 질렀고, 판소리에는 "얼쑤!"하는 추임새가 절로 나왔다. 대회기간 내내 출연자와 관객이 하나가 되는 신나는 공연이 계속 됐다.

대회가 경연이기는 하지만 전승이 단절되었거나 미처 발굴이 안 되었던 민속예술을 찾아내 재현하는 데도 큰 기여를 했다. 특히 북에 남겨진 민속으로 사라질 운명에 처했던 북청 사자놀이 등이 이 경연으로 명맥을 유지하게 되었다. 숨어 있던 인간문화재도 속속 찾아냈다.

오 실장이 이 행사를 기획한 것은 평소 그가 가졌던 우리가 우리 문화를 즐길 줄 알아야 한다는 생활 신조에서 비롯됐다. 그는 "우리나라는 예로부터 훌륭한 문화국이었는데 일제의 침략으로 우리의 문화가 송두리째 파괴되었고, 해방 후는 어느 사이 서양문물이 무분별하게 유입되어, 우리의 고유문화는 뒷전으로 물러났다. 이러한 현상을 바로잡기 위하여 우리의 유형, 무형의 문화유산을 발굴 보존하고, 잘 가꾸어 나가는 것이 필요하고, 그러한 가운데 우리의 참된 삶을 찾아야 한다."고 공보실장이 되기 훨씬 전에 이미 그의 소신을 밝힌 적이 있다.

지금 방방곡곡에서 고유한 민속예술행사가 성행하게 된 것도 그이 덕택이다. 뿐만 아니라 세계 각국에 민속예술단을 파견하여, 갈채를 받으며 국위를 선양한 것도 이때부터였다.

이와 함께 우리 전통예술을 상시로 공연할 공간마련에 나섰다.

원각사(圓覺社) 건립이었다. 그가 국내 최초로 소극장 운동의 기치를 높이 내걸고 시작한 사업이다. 하지만 원각사를 세울 재원 마련이 문제였다. 김규 교수는 2014년 연말 죽포회 모임에서 원각사 건립 재원에 관한 이야기를 처음으로 밝혔다.

오 실장이 하루는 우리나라에서 돈 많은 다섯 명의 명단을 만들어 보라고 했다. 재산이 얼마나 되고 어떤 업종을 경영하고 있는 지 등을 상세하게 알고 싶다는 것이었다.

국가 예산으로 안 되니 돈 있는 사람들로부터 기부를 받겠다는 뜻이었다. 지금이야 메세나 운동이 널리 알려져 있지만 당시로서는 새로운 발상이었다.

세계적으로 메세나 운동이 시작된 것은 그리 오래되지 않았다. 이 말은 1967년 미국에서 기업의 예술후원회가 발족하면서 처음으로 사용하기 시작했다.

로마제국 당시 문화예술가들 지원에 앞장선 마에케나스에서 유래한 것으로, 문화, 예술, 스포츠 등에 대한 원조사업을 지원하는 기업의 모든 활동을 아우른다.

우리나라에서 본격적으로 시행된 것은 1994년이었다. 그 해 한국 메세나 협의회가 창립되었고, 그때부터 문화예술에 관한 국민들의 의식을 높여 문화예술 인구를 늘리고, 한국의 경제와 문화예술의 균형발전에 이바지하고 있다.

역사에 비추어 보면 오 실장이 시작한 1959년은 미국보다도 더 앞섰고, 우리나라에서는 35년 전에 이미 시작한 셈이다. 그는 많은 분야에서 남보다 앞선 생각을 하였는데 이 분야에서도 새로운 시도였다.

원각사 이야기로 돌아오자. 부자 다섯 분에게 계획을 털어놓기로 했다. 오 실장은 그들을 초빙, 점심식사를 하면서 원각사 재건의 의의를 이야기하고 기부의사를 타진했다. 초대된 부자들은 한결같이 "지금은 사정이 좋지 않다. 새로운 사업을 시작하여 여력이 없다. 다음에 하자." 등으로 거절했다.

마지막 남은 것이 이병철 회장이었다. 김 교수는 이렇게 해서는 안 되겠다 싶었고, 오 실장이 하는 일을 돕고 싶은 마음에서 '제가 이 회장을 좀 아는데' 하고는 조언을 했다. 이 회장이 미식가라는 것을 귀띔했고, 즐겨 드는 음식과 국악을 몹시 좋아한다는 말을 자세히 설명했다.

오 실장은 날을 잡아 이 회장을 모셨다. 이 회장이 좋아하는 음식을 주문해 놓고는 이야기를 시작했다. 그가 전에 있었던 원각사와 관련된 국악인과 국악에 대해서 한 참을 이야기하자 이 회장이 "젊은 사람이 어떻게, 그렇게 우리 국악을 많이 아느냐?" 면서 분위기가 무르익었다. 식사를 뒤로 미룰 만큼 국악 이야기는 끝날 줄 모르고 이어졌고, 자연스레 이 회장이 아주 좋아하는 창으로 화제가 넘어갔다.

그때까지 돈 이야기는 단 한 마디도 안 했다. 두 분 모두가 이야기에만 몰두했다. 창에서 판소리 민요까지 신나게 이야기하고는 끝날 때가 되어 이 회장이 먼저 일어나면서 "김 군, 언제 한번 와"하고는 헤어졌다.

며칠 뒤에 김 교수가 이 회장 사무실로 찾아 갔더니 적지 않은 돈을 주었다. 오 실장에게 돈을 전달하자 "한 푼도 함부로 쓰지 말자."고 다짐하듯 말했다. 정말 필요한 금액만 사용했다. 정산보고도 했고, 원각사 내부에 기부금에 대한 감사표시도 하였다. 김 교수는 "오 장관이 돈에 대해 참 깨끗하였다."며 말을 마쳤다.

많은 사람들이 오 실장은 돈에 관해서는 결벽증에 걸린 사람 같았다고 말한다. 공금을 사사로이 사용을 안 한 것은 물론이고, 절약하고 아끼는 모습에서 감동을 받았다고 했다.

한국방송공사 기술과장을 지낸 윤병관 씨는 "오 실장의 결재 방식은 몹시 까다로웠다. 결재를 받으려면 여러 차례에 걸쳐 그분이 충분히 납득할 때까지 설명을 하느라고 진땀을 빼야했으며, 최종 결재 과정에서는 추산액에서 무조건 10% 이상 삭감하고 친필로 다시 써주고 '이렇게 해야 나랏돈을 아끼는 거야. 알겠어!' 하고 웃어넘기는 습관이 있었다."고 말했다.

오 실장이 국가 예산을 아끼는 데는 지독했다는 말을 들을 만큼 철저했다는 평이다.

원각사는 문을 열면서 모두에게 문호를 개방한다고 선언했다. 경향신문은 "색동저고리를 입혀 놓은 듯 곱게 단장한 '圓覺社(원각사)'라는 극장이 을지로 2가 4번지(註 경춘철도 본사 건물)에 자리 잡고 지난 12월 22일부터 1월 10일까지 20일 동안 다채로운 개관예술제를 베풀어 성황을 이루었는데 특히 외국 사람들의 관람이 많았다."고 개관공연 기사를 내보냈다.

국악 창극 민요 고전무용 연극 교향악 관현악 합창 독창 독주 등 우리나라 고래의 예술 작품이 무대에 올랐다. 공연에 굶주렸던 예술가들이 모두 나왔다. 관객석은 아래층이 217석, 2층이 89석으로 모두 306석의 아담하고 조그만 극장이다. 개관 20일 동안에 6,324명이 관람하였으니 연일 만원을 이룬 셈이다. 공연계의 표현대로 "빵" 터졌다.

공보실은 원각사가 흥행에 성공하여 큰 호응을 받자 "국악, 고전무용, 민속극 등을 상연하여 우리 민속예술을 외국인에게 관람하게 하여 우리 예술을 통해서 그들에게 우리를 이해시키는데 이바지 할 계획"이라고 보도자료를 돌렸다.

공보실은 그러나 곧바로 "외국인을 상대로 우리나라를 소개하는데 그치지 않고 우리 민속예술을 찾아내어 보존하고 발전시킬 뿐만 아니라 일반 예술인이나 단체에게도 널리 문호를 개방하여 그들의 올바른 예술활동을 위하여 제공한다."며 예술을 갈망하는 모든 이에게 문을 활짝 열어젖혔다. 본격적인 문화예술 선도작업을 펼치겠다고 공포한 것이다. 공연장을 찾지 못했던 일반

예술인을 위한 최고의 선물이었다.

공보실은 매주 금, 토, 일요일은 마땅히 공연을 접할 기회가 없던 시민들이 프로 공연자들의 공연을 관람하고, 화, 수, 목요일은 국내 일반예술인들이 문화활동에 참여하게 될 것이라고 했다. 가난한 예술가들에게는 희소식이었다.

공보실은 거리를 헤매던 예술가들을 향해 "돈이 없어 양심적 작품을 공연하지 못하는 무대예술인들에게 우리나라의 예술을 향상하는 의미에서 무료로 사용토록 하겠다."고 발표했다.

이 원각사란 이름은 110여 년 전인 조선시대에 당시의 저명한 작가이며 우리나라에 신소설을 도입한 선구자인 이인직 씨가 창설했던 우리나라 최초의 근대식 극장 이름에서 따왔다.

동시에 초유의 국립극장으로서 근대적 연극 즉 '신극'을 발상시킨 극단의 이름이기도 했다. 오 실장이 이 이름을 사용한 데에는 우리 문화를 중흥시키겠다는 의미가 숨어 있었다. 이 뿐 아니다. 정문에는 커다란 솟을대문을 세웠다. 극장내부도 한국적 정서가 풍기도록 디자인 했다. 벽면에는 김은호 고희동 이상범 허백련 변관식 김기창 이응로 박노수 화백 등이 여러 점의 동양화를 그렸다. 대규모 벽화였다.

특히 전통음악을 바탕으로 한 그림이 눈길을 끌었다. 코리아하우스의 그림과는 사뭇 달랐다. 국내에서 전통예술을 바탕으로 한 새로운 벽화미술의 창시였다.

개관 기념작으로 유치진(柳致眞)의 작품 '소'가 올랐다. 김승호가 주연한 이 작품이 우리나라 소극장 운동의 효시라고들 말한다. 이어 많은 작품들이 줄줄이 뒤를 이었다.

전통음악 현대음악 등을 총망라한 개막 공연은 1개월간 계속되었으며 공연예술의 큰 축제가 펼쳐졌다. 단순한 소극장이 아니라 미술, 음악, 공연 등이 함께 어우러지는 종합 예술관이었던 것이다.

오 실장은 "무엇이든 우리의 것이라면 캐내고 찾아서 잘 가꾸어 나가야겠다는 생각이 이것(원각사)을 통해 보다 구체적인 것으로 이루어지기를 바랐다."고 말하곤 했다.

최종채 전 민속박물관장은 "이곳은 국악인과 무용인들의 성지였다. 오 실장은 그 분이 만들어 놓은 어느 곳이라도 애착이 가겠지만 특히 이곳 원각사를 사랑했다. 주말에는 일정을 정하지 않고 수시로 기분이 좋을 때나 울적할 때 이곳을 찾았다. 공연이 없을 때도 찾아와 일정한 곳에 앉아 있는 것이 아니라 이곳저곳 왔다 갔다 하는 것이었다."며 오재경의 애정을 전했다.

오재경이 1971년 3월 실험극장의 기관지인 '우리무대 2호'에 원각사의 재건을 바란다고 썼다. 1972년 9월에는 드라마센터가 민속가무소극장을 개설하며 원각사를 계승한다고 발표했다. 하지만 원각사는 그후에도 부활되지 못했다.

3 자유 언론을 지키고자

"정부에서는 경향신문을 폐간시킬 방침을 세우고 소관 각료인 오재경 공보실장에게 이 신문의 등록을 취소하도록 압력을 가했다. 이때 그분은 과감하게 반기를 들고 취소조치를 막아보려고 애써 보았으나 이미 정부 내에서의 대세의 흐름을 막을 길이 없음을 알게 되자 주저 없이 그 자리를 박차고 야인으로 돌아갔다."

야당이 파견한 국무위원 같았다

오재경이 가장 왕성하게 활동한 1958년의 국무회의를 살펴보자. 그해 벽두부터 그의 일생 중에서 최대의 시련을 안긴 시각이 점점 다가오고 있었다. 정치권의 움직임이 긴박해짐에 따라 국무회의에서도 많은 일들이 벌어졌다. 선거법이 개정되었고, 지방선거에서 부정과 비리가 속속 들통이 났다. 부정 투개표를 암시하는 사건들이 줄을 이었다. 다음 해의 총체적 부정투표를 미리 예고하는 듯 했다. 기독교 정신에 투철한 오 실장의 눈에 그런 것들이 결코 옳게 보이지 않았다.

그는 국무회의에서 어찌 보면 무모하다할 만큼 바른 소리를 하는데 주저하지 않았다. 국무회의 때마다 마치 야당대표처럼 직설적으로 정부와 지방자치단체 그리고 국무위원들의 불법과 무능 등을 성토했다.

당시 국무회의는 일주일에 두 번 열렸다. 경무대에서 대통령이 주재하는 화요일 회의, 중앙청에서 국무위원만 참석하는 금요일 회의가 각각 한 번씩이었다.

중요 안건은 이승만 대통령이 직접 주재하는 경무대 회의에서 상정됐고, 그날 오후에는 중앙청으로 내려와 오전에 대통령이 지적한 쟁점들을 토의했다.

금요일 회의에서는 각 부처의 정책입안, 법률안 등 행정부 현안을 협의했다. 오 실장은 대통령이 주재하던 국무회의를 '이승만 교실'이라고 표현했다.

"경무대 회의는 그분이 직접 주재를 하셨고, 중앙청 회의에서는 수석국무위원이, 형편에 따라서는 국무위원들이 서열에 따라 그 일을 맡았는데, 이 박사가 주재할 때는 원탁회의가 아니라 선생님 앞에 생도들이 교실에 앉은 격이었다."면서 "국무위원들이 딱딱하고 조그만 의자에 삼열 사열로 질서 있게 줄을 맞추어 자리 잡은 앞에, 그분은 안락의자에 앉았다. 우리들은 더불어 국사를 의논한다기보다도 그분의 생도였고, 기침 한 번 시원스레 못하며 누가 우등생이 되느냐가 문제였다."고 분위기를 묘사했다.

그는 또 "그분의 교실에서 풀려나온 생도들이 중앙청 회의실에 내려오면, 교실에서 운동장으로 풀려나온 초등학교 학생들처럼 활발하게 제법 제각기 주장을 발표하곤 했다."고 덧붙였다.

1월 1일 새해 벽두부터 언론 관련 주무장관인 오 실장에게 시련이 밀어 닥쳤다. 국회는 이날 밤 민의원 참의원 양의원 선거법 개정안을 통과시켰다.

전 언론은 이 법률이 "이해의 총선거에서 철저히 언론의 활동을 탄압할 수 있는 내용을 그대로 입법화 시켰다."고 비난했다. 특히 야당조차도 이 법안에 동조하였다고 하여 여론이 비등했다.

입법에 반대한 것은 박영종, 이철승, 민관식 씨 등이었다. 이철승은 민주당 원내총무 이석기와 주먹다짐을 하기도 했다. 박

의원이 "민주당이 국민을 기만했다."고 발언하자 조병옥은 그에게 욕설까지 퍼부었다.

표결을 할 때 민주당 최고위원 조병옥이 선두에서 손을 들고 예하 의원들을 돌아보면서 거수를 종용했다. 마치 여당 원내 총무 같아 보였다. 오재경은 훗날 어느 자리에서 공보실장이 되었을 때 야당 국회의원이었던 조병옥이 많이 도와주었다고 했는데 이날 일을 두고 말하는지는 모르겠다.

오 실장은 그 다음날 국무회의(註 이하 국무회의 발언은 경향신문을 인용한다.)에서 "선거 중 언론이 설령 저촉되는 일이 있어도 취체하면 역이용당해 표를 잃게 될 것이다. 실효도 없는 조항을 만들어 언론기관에 실인심하고 야당책략에 넘어간 것은 생각해 볼 일이다."라고 발언했다.

언론의 속성을 잘 아는 그다운 발언이었다. 이호 법무장관은 어이없게도 "이 법이 무엇이 나쁘다는 것인지 알 수가 없다. 신문기자는 무슨 짓을 해도 좋다는 것은 아닐 것이다."라고 기자들을 비난한다.

조정환 외무장관은 "국회에서 야당이 선거법의 언론규제조항을 공격할 것 같다."고 말하고, 이근직 내무장관은 "언론조항은 야당측이 수정통과시켜 놓고 여당에 떠밀고 있다."고 야당으로 화살을 돌렸다.

언론이 부당함을 지속적으로 보도하고, 반대했으나 여야가 합의(?)하여 개정된 새 선거법은 이기붕이 이승만을 설득, 1월 25

일 공포돼 선거채비에 들어갔다. 이 법 통과 이후 다음 다음해의 3.15부정선거로 이어지는 일들이 계속된다.

신년 초의 혼란이 이어지는 가운데 오 실장이 처음으로 정치권의 바람에 휘말린다. 공보실이 2월 25일 진보당을 해산했다. 우리 역사상 최초의 정당해산이다. 당시 정당 등록임무를 공보실이 담당하고 있었다.

오 실장은 이 날 "국가 보안법 위반 및 간첩혐의를 받고 있는 진보당 간부들에게 판결을 내리는 것은 법원의 권한이지만 정당등록에 관한 사항은 공보실의 소관이며 따라서 정당이 국법에 저촉되는 행위를 하는 경우 이를 위법조처하는 것은 공보실의 직책"이라며 "진보당의 등록을 취소한다."고 담화를 발표했다.

그는 국시위반, 공산당과의 내통 등을 들었고, 공보실에서는 군정법령 제55호 전항과 특히 이 법령 제3조에 규정된 비밀당원의 불법성, 당원 이외로부터의 재무원조의 불법성, 그리고 제4조에 규정된 민사책임과 형사책임의 부담, 허위의 당 보고서작성 등을 들을 수 있다고 부연 설명했다.

진보당은 이와 관련, 2월 28일 공보실장을 상대로 행정소송을 제기했다. 이에 재판부는 3월 25일 열리는 공판에 피고인 오재경이 출석하라고 출두장을 보냈다. 재판이 계속 됐다.

재판부가 7월 2일 1심 판결에서 이 사건 관련자들에게 간첩혐의 부분은 무죄를 선고했다. 오 실장은 당혹스러울 뿐이었다.

4일 열린 제59회 국무회의 회의록이다.

오 실장은 "진보당이 불법단체가 아니라면 평화통일도 합법적이어야 할 것이니 앞으로 우리는 무엇을 가지고 국민을 지도하며 행정을 펴나갈 수 있는가. 좀 더 신중히 생각해야한다. 그간 내무, 법무가 말하는 것만 믿고 지금껏 해온 것이 이러하니 걱정뿐이다."라고 내무부와 법무부를 싸잡아 강하게 비판했다. 법으로 공정하게 하라는 주문이었다.

홍진기 법무장관은 "법원은 조봉암을 위시한 진보당의 판결에 있어 평화통일론은 문제로 하지 않고, 따라서 진보당이 불법단체라는 것도 규정하지 않았으므로 만일 진보당이 행정소송을 하면 가처분이 있을지도 모르니 진보당을 불법처분한 공보실의 입장이 곤란할 것이라고 생각한다. 본 건 판결에 대해 검사는 즉시 공소하였으나 제1심에 비해 고법 · 대법원의 판결이 검찰에 유리하게 될 것이 예상되는 차제에 공연히 판사들을 자극하는 것은 득이 아닌 것 같다."고 말했다. 진보당 사건 관련자들은 상급심으로 올라가 된서리를 맞았다.

국무회의에서 미국의 복지지원 문제가 거론됐다. 미국의 원조가 정부를 곤혹스럽게 만들자 오 실장은 "구호물자 제공은 한국 정부가 주도권을 잡아야 하며 절차에 부족함이 있으면 시정해야 한다."고 국가의 역할을 강조하고 나섰다. 미국이 제공하는 구호물자가 정부와 종교계로 나누어져 지급되는 바람에 정부의 예산안 책정이 혼선을 빚었다. 당시 미국이 보내는 원조가 우리 국가 예산의 많은 부분을 차지하고 있었다.

이해 미국은 한국에 제공한 원조물자 일부를 종교계로 보냈고, 우리나라에 지원할 총액에 그것을 산입했다. 그러니 국가가 예상했던 액수가 절대적으로 줄어든 것이다. 정부세입이 줄어든 셈이니 정부가 국가를 운영할 예산안에 차질이 생겼다. 가난한 정부는 당혹스러워 할 수 밖에 없었다, 정부수입의 상당부분을 차지하던 미국의 원조액이 사실상 감소한 것이었다.

또 당시 국회부의장과 국회의원까지도 밀수 대열에 합류하자 국무회의에서 대책이 논의됐다. 해상밀수 단속의 어려움과 밀수품 처리 문제가 주요 안건이었다. 압수한 일본제 밀수품을 국내에서 경매하자는 의견이 제기됐다.

오 실장은 "백화점에서 우리말을 하는 점원만 없으면 일본 백화점이라 해도 과언이 아닐 것이다. 밀수품의 국내처분에 반대한다."고 말한다. 아예 사용하지 말자는 것이다. 밀수꾼들이 들여온 것을 정부가 빼앗아 판매하는 꼴이 되기 때문이다.

홍진기 법무장관은 "상공부에서는 국내산업 보호의 견지에서 소각을 주장하나 상금을 안주면 밀고자가 없어진다고 하니 소각하는 것도 애로가 있다."고 밀고자 확보방안을 걱정한다.

이에 이 대통령이 "내게로 보내면 처분해서 건축비로 쓰겠다."고 복안이 있음을 밝힌다. 이에 김현철 재무장관은 "그러면

상금은 별도 예산에서 지출해야 한다."고 대통령에게 재고를 요청한다.

그러자 홍진기 법무장관이 "왜색이 있는 것만 소각하고 기타는 밀고자에게 현물로 지급하는 방편도 있다."고 절충안을 제시한다.

오 실장은 "시중에 범람하는 일산품(신발 차종 기타)을 일소하고 국민 정기를 앙양하려면 소각해야 한다."고 주장한다.

이 대통령이 결론을 내린다. 대통령은 "불태우는 것이 좋겠다. 먹기만 하면 사는 것이 아닌, 정신이 살아야한다."고 오 실장의 주장을 받아들인다.

전국에 수해가 발생하고 나서 열린 국무회의에서는 국가 통계가 엉망인 것으로 밝혀져 한바탕 논란이 일었다. 민병기 내무장관은 "내무부 집계에 의하면 총피해액은 110억 환 내외"라고 전국 피해 상황을 보고한다. 이에 대해 홍진기 법무장관은 "각부에서 조사한 결과가 구구한 숫자로 발표됐다."며 통계가 부실하다고 지적한다.

오 실장은 "정부에는 구호대책에 필요한 예산도 없는데 정확하지도 않은 어마어마한 숫자를 발표해 놓고 대책이 없으면 국회에서나 신문에서 얻어맞기만 하니 신중을 기해야할 줄 안다."고 정부의 대책을 걱정한다.

오 실장은 "저희들은 아무리 이 문제를 논의해도 결말을 지을 수 없다고 생각합니다. 민간에서 하는 의연금 모집으로는 이 난경을 극복해 갈 수 없는 실정이니 이를 지출하지 않는다는 것은 우리 정부에 유익한 일이 아니라고 생각되므로 수해대책비만은 재가해 주시는 게 좋겠습니다."라고 이 대통령에게 재해대책비를 지급해야 한다고 강력하게 건의한다.

이 대통령은 이날 회의에서 수해대책비 17억 환을 국고채무행위로 지출하도록 했다. 오 실장은 국무위원들이 국민을 위해서 일해야 한다는 말과 함께 행동으로 실천한 것이다.

자유당과 내각의 갈등

공식적으로는 국회의장이지만 사실상 국무총리 이상의 실권을 행사했던 이기붕을 정점으로 한 자유당은 5.2 총선거후 국무위원 인사는 물론 예산편성 등에도 관여하기 시작했다.

국무위원들은 8월 14일 열린 국무회의에서 자유당이 국무원에도 자유당 인사를 포진시키려는 계획을 집중적으로 성토했다. 또 자유당이 요구하는 산업은행 총재와 재무부 장관 사임 문제를 놓고도 격론을 벌였다.

김현철 재무장관이 "자유당에서 산은 총재와 재무장관의 사임을 요구하고 있는 형편이다. 결국은 자유당 원내 인사 중에서 정부에 입각해야 한다는 것이 그들의 생각이라고 본다."고 보고했다.

국회의원이 내각까지 진출하려 한다는 말에 오 실장이 들고 일어났다. 그는 "의장님과 대통령 각하께 보고해 이 불행한 사태를 조속히 해결해야지 그렇지 않으면 2년 후의 선거를 어떻게 할 것인지 막연하다."고 주장했다.

자유당은 모든 기관을 장악하여 국정을 이끌고, 선거를 치를 계획이었지만 오 실장이 이에 반대한 것이다. 오 실장의 발언이 국무회의에서 마치 여당과 맞서는 것처럼 됐다.

8월 19일 국무회의에서도 행정부의 자유당에 대한 불만이 제기됐다. 김현철 재무장관은 "당무위원들이 흘리고 있는 국무위원 사임설에 대해 자유당 측과 절충이 필요하다고 생각한다. 이러한 상태로는 정부가 일을 못한다."고 자유당과의 불화를 이야기했다.

오 실장이 이 말에 "국무위원 개편 문제는 당으로서 좀 더 신중히 검토해 총재를 통해 행정부에서 처리돼야 할 것임에도 불구, 당의 일부 간부가 대외적으로 이를 운운함은 타당치 않으니 그러한 자유당 간부의 자중을 촉구해야 한다."고 자유당 간부들을 향해 불편한 심기를 드러냈다.

예산안에 대한 자유당 당무회의 간여문제가 또 거론됐다. 김현철 재무장관이 "자유당 정책위원회로부터 각 기관에서 재무부에 요청한 예산요구서의 사본을 보내달라는 요청이 있으나 예산안이 국무회의를 통과해 대통령 재가가 있을 때까지는 그 내용을 자유당하고 협의할 수 없는 것이므로 이에 응할 수 없다고 생각합니다."고 자유당의 월권을 지적했다.

이에 오 실장은 "대통령 고유권한까지 당무회의가 넘보는 것은 부당한 일이라고 생각한다."고 말한다. 정부 대변인으로서 대통령을 들어 자유당에게 경고하는 모습이었다. 자유당으로 보면 오 실장이 이처럼 사사건건 반대하거나 협조하지 않는 것처럼 보였을 것이다. 오 실장은 그러나 전혀 개의치 않았다. 공보실장으로서 해야 할 일을 충실히 해 나갔을 뿐, 다른 욕심이 없었다.

지방의회와 관련된 일이 오재경을 곤란하게 했다. 내무부는 서울시 의회 의장단 선거를 앞두고 민주당 의원수가 시정구락부(자유당 의원 모임)를 앞서자 민주당 소속 서울시의회 의원 김수

길과 강을순을 구속했다. 경향신문은 9월 2일 "민주당 24석, 시정구락부 23석의 백중세에서 정부가 의장단 선거에서 자유당에 유리하도록 서울시 민주당 의원을 구속한 것"이라고 보도했다. 두 의원은 축산조합장에게 도살장 운영권을 준다며 8회에 걸쳐 51만 환을 받은 뇌물수수혐의였다.

오 실장은 이 문제를 협의하는 국무회의에서 정부와 여당에 직격탄을 안겼다. 경향신문의 보도에 따르면, 오 실장은 그해 9월 5일 열린 제 80회 국무회의에서 "이러한 문제가 시장의 책임하에 이뤄진 것으로 생각되지만 과거의 예로 보아 치안국의 강력한 지휘하에 이뤄지는 수가 많았다. 경찰이 선거를 한다고 하는 국민들의 인식이 불식되지 않으면 민심을 만회하기는 도저히 불가능하다. 한 명의 야당의원만 회유해도 시정구락부 구성 명분을 세울 수도 있는데 야당 의원을 구속한다는 것은 유감스럽게 생각한다."고 말했다.

야당 대표가 하더라도 논란의 소지가 있을 법한 말을 국가 홍보를 책임진 공보실장이 했다. 그가 민주주의의 원칙을 들어 정부를 비난한 것이다.

물론 오 실장에 앞서 내무부 장관 김일환이 "내무부 간부 및 시경 간부의 이동에 때 맞춰 발생한 문제로 결과적으로 유감스런 점이 없지 않다."면서 "앞으로는 좀 더 과학적인 연구가 필요하다고 본다. 시정구락부에 대한 협조나 지도가 부족했던 것도 사실이다."라고 말했다.

법무부 장관 홍진기는 오재경의 발언 이후 “시장, 특히 부시장의 노력으로 시정구락부 맴버가 23명까지 늘어났으며 좀 더 확산시키려는 순간에 시경 사찰과장이 전임돼 일시 중단된 것이 화근이었다.”고 덧붙였다.

오 실장의 이날 발언은 공정 선거를 책임진 두 장관이 여당과 협의하지 못했다는 취지의 말로 사태를 뭉뚱그리려 하자 그들에게 대놓고 한 것이었다.

공보실장을 그만둘 각오로 말하다

오 실장이 연말 국무회의에서 이 대통령의 탈당을 언급했다. 누구도 뱉지 못할 말을 당당하게 했다. 그는 정부가 진짜 지켜야 할 가치가 무엇인지를 일깨우고자 했다. 이기붕 의장을 표적으로 하여 발언한 것처럼 들렸다.

국내 정치 문제를 국무회의에서 종종 이야기 하던 모 장관이 (註 오 실장의 개인기록에서 그 인물이 누구인지 정확치 않아 이렇게 표기한다.) 이 박사의 지지율이 아주 낮아 4선이 걱정 된다고 말했다. 그 장관은 "이 박사의 4선을 위한 표가 지금으로는 29%쯤 될 것"이라고 통계를 거론했다.

오 실장이 맞받아쳤다. 그는 "그것이 현실에 가까운 통계일지도 모른다."고 전제, "그러나 우리들이 여기서 생각해야 할 것은 이 박사의 표와 자유당의 표가 다르다는 점"이라고 지적했다.

그는 "우리 정부나 자유당이 이 박사를 업고 나가는 것이 아니고 저 연로하신 대통령이 이 정부나 자유당을 업고 나가신다는 사실을 잊어서는 안 된다. 그분은 그분 자신의 표가 있는 것이며 우리는 솔직하게 말해서 그분이 가지고 계신 고정표를 깎아먹지만 않으면 다행일 것."이라고 국무위원들과 자유당의 무능을 질타하였다.

그의 열변이 계속 됐다. 오 실장은 "가령 지금이라도 이 박사가 '내가 올바른 정당정치를 위하여 자유당을 관당 아닌 참다운 정당으로 만들려고 노력해 왔는데 도저히 오늘의 자유당을 가지고는 이러한 나의 생각을 구현시킬 수 없으니 부득이 나는 자유당과 인연을 끊지 않을 수 없다'고 말씀하신다면 그것이 곧 이 박사의 4선을 의미하는 것이 되고, 만일 그렇게 되면 자유당은 바로 그 순간부터 그 모습을 보기 힘들 것이고, 죄송한 말씀이지만 이기붕 의장의 오늘의 위치도 근본적으로 달라질 것."이라고 아킬레스건을 건드렸다.

그가 직설적으로 자유당의 변화를 요구하고 나선 것이다. 그는 자유당이 가장 아파할 말을 거침없이 쏟아냈다. 자유당이 들고 일어났다. 이 박사가 가장 신임하는 오 실장이 이 박사의 탈당을 권유했다는 것이다.

자유당에서는 오 실장을 당장 내각에서 내보내야 한다는 분위기가 팽배했다. 오 실장을 비난하는 말들이 자유당에서 용광로처럼 펄펄 끓었다.

그는 이 대통령이 경무대 국무회의에서 독백처럼 한 말을 잊지 못했다. 평생 반추하며 새긴 말이기도 하다.

"우리가 알아야 할 것은 정부가 나라가 아니라 국민이 나라이니 국민이 제각기의 소임을 다해 비상한 때는 비상한 방법으로 국권을 지켜 나가야 한다. 국권이 없어지면 나의 생명도 없어진다는 것을 알아야 한다. 나라 살림살이를 내 집 살림처럼 해야 한다. 국민 각자의 생사가 곧 나라의 생사다. 정부는 어디까지나 국민을 위해 있는 것이지 몇몇 사람들을 위해서 있는 것은 아니다. 물가를 내리려는 노력이 부족하다. 정부에서 모든 것을 힘쓰지 않으면 아무 것도 되는 것이 없다. 공의(註 公義; 공평하고 의로운 도의)를 위해서 힘써 일하면 많은 권위가 생겨 중상하는 자가 생겨도 1백 명의 돕는 사람이 생기는 것이 하나님의 뜻이니 소수에게 욕먹을 것을 각오하고 다수를 위해 힘써라.

거지가 없고 도적이 없는 세상을 만들어야 하겠다. 정부를 이렇게 만들어 놓아서는 정부가 정부 노릇을 그만 두어야한다. 자유 한다 해서 무력해서 살 수 없는 나라를 만들어서는 안된다. 말로만 하지 말고 행동으로 실천하라.

정부에 있는 사람들만 먹고 살고 국민들은 죽게 된다는 말을 듣지 않도록 해야 한다. 정부의 권위가 권력으로 오용되어서는 안되며 나라 일을 보는 사람은 자기보다 남을 먼저 생각해야 한다. 정부를 속이고 민중을 속이고 내 마음을 속이지 말고 마음을 공정하게 먹어야 한다. 속임수로 행정을 하지 말아야한다."

모두를 만족 시킬 수 없으니 국가를 위하는 일이라면 소신껏 일하라는 뜻이었다. 대통령의 당부에도 불구하고 국무위원들은 '소신보다는 보신'을 택했다. 이 대통령은 국가의 먼 앞날을 내다보고 말했다. 그러나 지금도 달라지지 않았다.

경향신문을 지켜라

이 무렵, 오재경이 공보실장으로서 가장 어려운 일에 맞닥뜨린다. 국무회의에서 경향신문 폐간 문제가 거론되기 시작했다. 자유당은 직필을 휘두르는 경향신문의 필봉을 꺾으려고 갖은 애를 다 썼다. 자유당은 경향신문을 그대로 두었다가는 다음 선거에서 반드시 진다고 생각했다. 자유당이 강경하게 나갈수록 반대하는 국민여론은 극으로 치닫고 있었다.

연초의 선거법 개정으로 모든 언론에 재갈을 물리고도 자유당이 안심하지 못한 것이다. 국무회의에서도 이 일이 논의됐다.

자유당은 정부를 압박하여 경향신문의 문을 닫기 위한 일들을 순서대로 진행했다. 국무회의에 법안이 제출됐다.

오 실장은 그 때 일을 "법무부 장관이 경향신문을 폐간하기 위한 법적인 근거를 마련하기 위해 보안법 개정안을 국무회의에 제출하면서 '이것은 확실히 악법이지만 그러나 악법도 법이다.'라고 말했다."고 전하면서 "한 나라의 법무부 장관이 악법이라고 하면서 그것을 강행해야할 이유가 어디에 있느냐?며 강하게 반대했다."고 상기했다.

법치를 주장해야 할 법무부 장관이 법치를 오용한다고 그와 맞섰다. 국방부 장관인 김정렬 씨가 유일하게 오 실장을 옹호하고 나섰지만 결국 그 법 안은 통과되고 말았다.

오 실장은 이후에도 사태를 막으려 무진 애를 썼다. 자유당의 반발이 점점 거세졌다. 며칠 후 이기붕 의장이 그를 찾았다. 서대문으로 갔다. 이기붕 의장이 그를 보고는 "경향신문을 폐간할 수 없느냐"고 물었다. 오 실장은 기다렸다는 듯 답했다. "법을 가지고 불법을 할 수는 없습니다. 불법은 불법을 가지고 하십시오. 정부가 원하든 원하지 않든 신문의 옳은 입장을 지켜야 하는 나의 자리에서 그렇게 할 수 없습니다."라고 법무부 장관이 한 말을 되짚어 말했다.

이 발언을 전해들은 자유당 간부들이 이날 오후 서대문에 모여 의논, 오 실장을 사퇴시키기로 결론을 내렸다. 그러나 그때까지만 하더라도 오 실장에 대한 이 박사의 신임은 두터웠다.

이들은 오 실장을 내보낼 구실로 이 박사가 매일같이 이야기하던 관광사업 진흥을 맡기자고 했다. 마침내 자유당은 그들의 목적을 달성하기 위해서 거치장스러웠던 오 실장의 경질을 이 대통령에게 건의했다.

해가 바뀌었다. 1959년이다. 국가보안법이 발효되기 직전 오재경이 먼저 사표를 제출했다. 다분히 의도적이었다. 항의하는 뜻도 담겨 있었다. 동아일보는 '명철(明哲)하다'는 취지로 촌평을 했다. 언론들이 곧바로 후임을 거론 하는 등 요란했다.

대통령은 그러나 곧바로 수리하지 않았다. 이 대통령은 오재경을 싱가포르에서 열리는 태평양지역 관광협회 제8차 연차 대회에 한국 대표로 파견한다고 발표했다.

새 국가보안법이 15일 발효됐다. 이날 묘하게도 민주주의 정부를 홍보하겠다며 오 실장이 서두른 공보실 영화촬영소가 중앙청 안에 완공되어 개소식을 열었다.

영화촬영소가 촬영기자재를 대량 구입하여 본격적인 제작에 돌입했다. 동양 최고의 시설이었다. 지금과 비교하면 소규모이지만 동시 녹음이 가능한 촬영시설이다.

특히 재원 충당이 눈길을 끌었다. 오 실장은 "본관은 ICA원조에 의한 대충자금 1억5700만 환으로, 촬영소 건물은 운크라 원조금 3만5천달러로 이미 지난해에 건립되었다."고 밝혔다. 이로써 공보실 영화과는 출범이후 최대 시설을 갖춘 촬영기관이 된 것이다. 찾아가는 홍보를 위해 발전 차량도 구입했다. 전기가 들어가지 않는 지역으로 홍보의 범위를 넓혔다.

그에 따르면 공보실이 매주 1회의 '대한뉴스'와 한 달에 두 번씩 '영문판 뉴스' 그리고 연간 약 15편의 '특수기록 영화'와 '기념일 영화'를 제작, 제공키로 했다.

이를 계기로 국내 영화산업이 발전의 기지개를 켰다. 공보실은 영화촬영장소가 천연색 씨네마스코프도 만들 수 있게 되자 공보실의 계획을 수행하고 남는 시간이 있을 땐 일반 영화 제작자에게도 시설을 대여했다.

오재경은 개소식 직후 의기양양했다. 그는 이 시설이 "나은 국민생활과 대외선전에 커다란 공헌을 할 것"이라고 큰 소리쳤다.

이렇게 되자 언론들은 그의 거취를 놓고 한동안 혼란스러웠다. 심지어 동아일보는 오 실장 경질을 보류하고 유임할 것이라고 보도했다.

오 실장은 1월 25일 김포공항에서 출국했다. 환송 나온 인사가 밀물처럼 몰렸다. 정계, 관계는 물론 문화계 인사들로 넘쳤다. 한 관계자는 '관록보다는 인품'에 따라 나온 환송객이라고 기록했다. 오재경은 싱가포르에서 사임하겠다고 또 한 번 밝혔다. 정부가 31일 후임을 발표했다.

한 친지는 '수상 22년'에서 "아침 신문을 보니 '오재경 공보실장 사표제출'이라는 기사가 났다. 아직도 할 일이 많을 터인데 오 실장의 경질은 큰 영향이 있을 거라고 느껴졌다. 아마 이번 국가보안법에 대하여 오 실장이 미온적 태도를 취한 것이 자유당의 비위에 거슬렸던 모양이다."라고 사태를 파악하고 있었다.

경향신문이 오 재경이 물러나고 난 나흘 뒤 또 자유당의 약점을 콕 찔렀다. 오비이락이었다. 이 신문은 칼럼란 '여적(餘滴)'에서 미국 노틀담대학 페르디난드 허멘스 교수의 글인 '다수결의 원칙과 윤리'를 인용했다. 정부와 여당이 화들짝 놀랐다.

자유당 정권은 몹시 아파했고 여적의 필을 꺾고 싶었다. 1000자 칼럼을 두고 정권과 일개 신문사가 날카로운 각을 세웠다. 자유당은 오재경이 지적한대로 정권의 존재 자체가 위태로운 지경에 이르렀다고 판단했다.

자유당은 국민에게 잘못을 사과하고 약점을 보완하기보다는 언론의 입을 틀어막는 것이 손쉽다고 생각하기에 이르렀다. 결국 정부는 경향신문이 5개 기사로 법률을 위반했다며, 20만부를 인쇄하던 윤전기를 강제로 세웠다. 경향신문이 폐간됐다.

문공부 해외공보관장을 지낸 김영권 씨는 이 일을 '경향신문의 60년도 필화사건'이라고 불렀다. 그는 "정부에서는 경향신문을 폐간시킬 방침을 세우고 소관각료인 오재경 공보실장에게 이 신문의 등록을 취소하도록 압력을 가했다. 이때 그 분은 과감하게 반기를 들고 취소조치를 막아보려고 애써보았으나 이미 정부내에서의 대세의 흐름을 막을 길이 없음을 알게 되자 주저 없이 그 자리를 박차고 야인으로 돌아갔다."고 회고했다.

오재경은 세월이 한참 지난 후 다음과 같이 회상했다. "당의 강경파로 앞장섰던 아무개는 그 어느 신문 때문에 정부가 제대로 정부노릇을 할 수 없다 하여 그 신문의 문을 닫게 했다. 강경파로 앞장섰던 그 한 사람이 오늘도 살아남아 있다. 그가 올바른 인간이라면 스스로가 저지른 그 엄청난 잘못을 참회하는 글이라도 써서 그러한 잘못이 되풀이되지 않는 이 땅이 되도록 해주었으면 하는 마음이다. 신문을 폐간하라는 소위 자유당 강경파의 끈질긴 강요를 받아들이지 않았다는 이유 때문에 나는 그 자리에서 물러나야 했지만, 자유당 정권이 무너졌을 때 나는 옥고를 치르지 않을 수가 있었다."

4 조선왕실의 역사를 되살리고저

웨일즈의 왕비는 화사한 봄 햇살아래 더욱 권위 있고, 절도가 있어 보였다. 왕실의 일상이 소중한 관광 상품이었다. 왕과 왕비는 왕궁에서 존경받으며 그대로 살고 있었다.

그 자리에서 오재경은 6.25 이후 정릉에 귀양살이 하듯 모셔진 우리나라 윤비마마를 생각했다. 윤비는 전쟁 기간 중 동래에서 지냈다. 경남 도지사 사택이었다. 다음에는 정부에 폐가 된다면서 한 종교의 포교당으로 옮겼다. 거기서 종전을 맞았다.

전쟁이 끝나고 이승만 대통령을 만났다. 이 박사가 "이제 윤 황후께서는 어디로 가실 겁니까?"하고 물었다. 윤비는 "내 집으로 가야지요. 이 끔직한 전쟁 속에 그대로 있을지 의문이군요."했다.

이 대통령이 "그 곳에는 못 갑니다. 그 곳은 이제 정부의 재산입니다." 하는 것이 아닌가.

야인 오재경, 윤비를 생각하다

오재경이 싱가포르에서 관광회의를 끝내고 돌아 왔다. 실장으로 출국한 그가 야인으로 귀국했다. 그가 할 일은 없었다. 아니 아무것도 할 수 없었다. 영국 문화원이 백수인 젊은 그를 영국으로 초청했다. 귀국한 지 한 달 만에 여의도 비행장에서 영국으로 떠났다. 백철, 정비석, 조경희 씨 등이 환송 나왔다. 싱가포르로 갈 때보다 엄청 초라했다. 오재경은 이날 권력의 무상함을 실감했다.

영국에 간 그는 민주주의 정부에 감탄했다. 비행장에서 그를 태우고 간 차가 영국 수상의 관용차라는 것을 알고는 놀랐다. 모든 관용차는 한 곳에서 관리하며 필요할 경우 누구라도 이용할 수 있다는 것이었다. 국방장관, 나토 사령관의 차까지도 공무가 없을 경우 공용으로 이용했다. 의회에는 양당 의원이 마주 앉아 있었다. 지정된 자리는 없고 의사당에 도착하는 순서대로 자리 잡았다. 의사당에서는 무게를 잡는 의원의 권위는 찾을 길 없고 국민을 위해 일하는 모습만 보였다.

그가 웨일즈의 수도 카디프를 방문했다. 고궁을 찾았다. 그곳에 살고 있는 왕녀가 매일 정해진 시간에 고궁을 산책한다고 들었다. 관광객과 함께 직접 현장에 갔다. 왕비가 화려한 왕실의 전통복장을 차려입고 천천히 정해진 코스로 경내를 산책했다. 관광객들이 왕비의 산책 모습을 보려고 전 세계로부터 몰려들었다.

관광객들이 사진 찍기에 바빴다. 왕비는 관광객에게 손을 흔들며 가장 우아한 자태로 걸어갔다.

웨일즈의 왕비는 화사한 봄 햇살아래 더욱 권위 있고, 절도가 있어 보였다. 왕실의 일상이 소중한 관광 상품이었다. 왕과 왕비는 왕궁에서 존경받으며 그대로 살고 있었다.

그 자리에서 오재경은 6.25 이후 정릉에 귀양살이 하듯 모셔진 우리나라 윤비 마마를 생각했다. 윤비는 전쟁 기간 중 동래에서 지냈다. 경남 도지사 사택이었다. 다음에는 전쟁을 수행하는 정부에 폐가 된다면서 한 종교의 포교당으로 옮겼다. 거기서 종전을 맞았다.

전쟁이 끝나고 이승만 대통령을 만났다. 이 박사가 "이제 윤 황후께서는 어디로 가실 겁니까?"하고 물었다. 윤비는 "내 집으로 가야지요. 이 끔직한 전쟁 속에 그대로 있을지 의문이군요."했다. 그러자 이 박사는 "내 집이라니요? 어디를 말씀하십니까?"하고 되물었다. 윤비는 "낙선재가 내 집이지요."라고 당연한 듯 대답했다. 이 대통령이 "그곳에는 못갑니다. 그곳은 이제 정부의 재산입니다."하는 것이 아닌가. 전쟁 통의 그 어려운 생활 속에서도 한 번도 내색을 않던 윤비의 옥안이 창백해지면서 한 가닥 경련이 지나갔다.

이 대통령은 일본에게 나라를 빼앗긴 것이 조선 왕가의 잘못이라고 생각하고 있었다. 백성을 지키지 못한 왕가를 비난하는 표정을 감추지 않았다. 아니 자기도 왕가의 후예임을 후회하는 것처럼 보였다. 광복 후 조상을 기려 왕가를 복위시킬 수도 있었지만 그는 민주주의를 택했던 일을 확인한 것이다.

오재경이 영국 전역을 두루 돌아보며 많은 것을 배웠고, 깨달았다. 자유의 소중함과 진정한 민주 그리고 상류층의 책임감에 대해 깊이 생각할 시간을 가졌다. 그가 영국을 출발, 독일을 거쳐 미국으로 건너갔다.

미국에서만 두 달을 보냈다. 이곳에서 이강석 소위를 만났다. 이기붕 씨의 장남이다. 둘은 반가와 하며 악수를 했다. 그가 우리 군복을 입고 있었다. 그의 가슴에서 처음 보는 기장이 빛났다. 미국 육군에서 공수훈련을 마치고 받은 것이란다. 죽음과 씨름하는 매우 위험한 훈련을 무사히 마친 표시였다.

이 소위가 선물 가게에 가자고 했다. 점원이 이 소위의 가슴에 달린 기장을 보고는 정중하게 맞았다. 미국인들은 힘든 훈련을 무사히 마치고 받은 이 기장을 가장 자랑스럽고 용감한 군 정신의 상징으로 여기기 때문이었다.

이 소위가 미군에서 정규훈련 이외에 과외로 이 훈련을 이수한 것이었다. 참 당당한 모습이었다. 국군의 용맹성을 보여 주었다. 그는 목숨걸고 국가를 지키는 군인을 존경하는 미국인들을 보면서 새삼 국민의 의무를 떠올렸다.

오재경은 그런 이 소위를 보고 나서 "우리 젊은이들에게 요구되는 것-그것은 무엇보다도 용감성이 아닌가 한다."고 신문에 기고했다.

귀국해서는 대한여행사 이사장에 임명됐다.

곧이어 어머니 조관애 권사 상을 당했다. 오 이사장은 “어머니가 남편을 잃은 울분과 고향을 잃은 외로움을 참을 수 없어 반신불수의 몸이 되었다.”면서 “10년을 부자유스러운 생활에서도 불평을 하지 않았다.”고 회한이 서린 목소리로 말했다. 그는 어머니가 그녀의 방을 은혜의 장소로 만들었다고 회고했다. 그 방에는 아침 일찍부터 밤늦게까지 교회의 여신도들이 줄을 이었고, 기도와 찬송으로 가득 차 있었단다.

그는 또 “어머니는 밤낮을 가리지 않고 내가 잘되기를 기도한 것이 아니라 내가 실족하지 않도록 기도했다.”고 기억했다. 조 권사는 그가 어떤 자리에 있든지 잘못 되는 일이 없기만을 기도하셨다고 했다.

오 이사장은 세상이 바뀌고 또 바뀌고 하는 동안에도 다행히 큰 허물없이 살아남은 것은 어머니의 기도 덕분이라고 생각했다. 그는 어머니를 의정부에 마련한 묘지에 모셨다. 그가 아버지를 그리며 만든 가묘(假墓)가 진짜 어머니의 산소가 된 것이다. 그리고는 자주 산소를 찾아갔다.

그는 몸이 성할 때 1주일에 한 번씩 산소에 가서는 잡초를 뽑았다. 묘 주위에는 잡초가 자랄 틈이 없었다. 눈에 보이는 족족 잡초를 뽑아버리는 오 이사장 때문에 주변의 묘소들이 지저분해 보일 정도였다. 하지만 고향 땅에 모시지 못한 것이 한스럽다고 말하곤 했다. 한편으로는 가까이 모실 수 있어 다행이라고도 생각했다.

4.19와 구황실재산사무총국장

자유당 정부는 1960년 3.15선거에서 부정으로 얼룩진 추악한 승리를 쟁취했다. 국민들과 언론은 부정선거라면서 연일 정부를 성토했다. 전국이 데모열풍에 휩싸였다. 이승만 대통령은 민심을 회복하기 위하여 홍진기 씨를 내무장관에 임명하는 등의 수습책을 내놓았다.

그리고 이 대통령은 3월 31일 국민들로부터 부정부패가 가장 심각한 곳으로 지목된 구황실재산사무총국장에 오재경을 임명했다. 구황실재산사무총국장에 임명되기 전날 이승만 대통령이 그를 조용히 불렀다. 그가 대통령을 독대했다.

이 대통령은 오재경에게 "구황실의 재산 목록을 만드는 일이 가장 시급한 일이니 그리 알고 일하라. 이 재산이 사산(四散)되는 것은 참을 수 없는 일이야. 목록을 보지 못하는 한 나는 눈을 감을 수 없다."고 심각하게 이야기 했다. 그 만큼 그를 믿는다는 뜻이었다.

그가 구황실재산총국장에 임명되었다고 곧바로 좋아질 수 없었다. 오 사무총국장은 서두르지 않았다. 재산 목록 작성에 착수했다. 그와 동시에 모진 비 바람에 부서지고 오래되어 엉망이던 구황실재산사무총국이 들어 있던 종묘 사무실과 건너편 창덕궁 일부, 그리고 낙선재를 수리했다.

오 사무총국장은 궁궐의 모든 것을 원형대로 보존하고 복원하는 것이 꿈이었다. 관리자 한 사람이 옥류천 위에 있던 지저분한 나무 한 그루를 베어 냈다. 그가 불같이 화를 냈다. 궁궐내의 모든 것은 국가 재산이고 역사라며 하나도 훼손하지 말라고 엄명을 내렸다.

이 대통령이 그 사이 종묘에 있던 구황실재산사무총국 사무실로 직접 찾아와 재산처리 진척상황을 점검했다. 그는 대통령에게 두어 달 안으로 재산 상황을 파악해 올리겠다고 보고했다. 그가 구황실재산을 들여다보니 피상적으로 느끼던 것보다 엄청나게 복잡했다. 곳곳에 부정과 부조리가 개입돼 있었다. 가닥을 잡을 수 없을 정도로 얽히고 꼬여 손을 대기가 어려웠다.

수의 계약이 3만여 건. 평당 5천환의 임야 7만평은 250환에 불하됐다. 구황실 재산은 아무나 가질 수 있는 것이라고 생각하기 딱 좋았다.

이럴 때 궁궐 밖에서는 데모가 끊이지 않았다. 사태가 걷잡을 수 없이 확대일로로 치닫고 있었다. 오 사무총국장은 데모대가 서울을 뒤덮던 때 혼자 앉아서 창덕궁의 잡초를 뽑았다. 그는 돈화문 앞 파출소 유리가 산산이 깨어지고 불타오를 때 무거워지는 마음을 어찌할 수 없어 창덕궁 인정전 앞 잔디밭에 하염없이 앉아 있었다.

그는 죄 지은 사람처럼 또한 죄지은 사람들의 뒷모습을 보지 않으려고 그저 고개를 깊숙이 숙이고 있었다. 그는 잔디를 초라하게 만드는 잡초를 뽑아냈다. 울분을 삭일 길이 없어 잡초를 뽑는 일로 초조한 자신을 달랬다. 마치 사회에서 부조리를 저지른 사람들을 솎아내는 심정으로 잡초를 뽑고 또 뽑았다. '깨끗한 것은 거룩함'이라는 말도 쉬지 않고 중얼거렸다. 그의 잡초 뽑기는 죽을 때까지 이어졌다. 많은 사람들이 잔디밭에서 잡초를 뽑는 그를 기억하고 있다.

걷잡을 수 없이 불어난 시위대가 경무대로 향했다. 결국 데모대를 향해 경찰이 발포를 했다. 혼란의 극치였다. 정부가 기능을 잃었다.

이승만 대통령이 주위의 만류에도 불구하고 유명한 "국민이 원한다면 하야하겠다"는 담화를 발표했다.

오 사무총국장은 다음 날 이른 아침에 집을 나서 중앙청으로 갔다. 그는 이 박사로부터 받은 구황실재산사무총국장의 자리를 그분이 경무대를 떠나기 전에 도로 바칠 생각이었다. 중앙청에 도착한 그는 당시 국무원 사무국장이던 신두영 씨에게 경무대 접견을 부탁하고 그의 방에서 기다렸다.

그가 예상보다 엄청 빨리 돌아왔다. 그가 오 사무총국장에게 경기(驚氣)하듯 말했다. "이기붕 의장과 그분의 가족이 경무대 별관에서 자결하셨다."

청천벽력이었다. 이 의장 일가는 그 때까지도 인천 또는 포천의 미군기지에 도피중이라는 설이 가장 유력했다.

그가 경무대로 뛰어 올라갔다. 방문 접수부에 들러서 그 현장으로 안내를 받았다. 경무대 별관 경비실 옆에 있는 대통령 여비서 이무기씨 집(관사36호).

어두운 방에는 어느 것 하나 산 기척이라고는 없었다. 메트리스 하나를 세우고 또 하나는 깔고서 그 위에 나란히 누운 이 의장과 부인 박(마리아) 여사 그리고 강욱 군의 모습이 먼저 눈에 띄었다. 강욱 군의 손을 꼭 잡고 있는 박 여사의 핏기 없는 하얀 손이 그를 더욱 안타깝게 했다. 그리고 그 앞에 강석 소위가 엎어져 있었다. 그가 누구보다도 먼저 이 기붕 일가의 마지막을 본 것이다.

오 사무총국장은 자살 현장을 보고는 망연자실했다. 그가 장승처럼 얼어붙었다. 그저 앉았을 뿐 한발자국도 옮기지 못하였다. 세상을 떠난 분들의 명복을 비는 것도 아니었다. 그렇다고 지난 날 그 가족들의 모습을 그리는 것도 아니었다.

그저 시간 가는 줄 모르고, 다만 기가 막히다 못해 아무 것도 의식하지 못한 채 앉아 있을 따름이었다. 얼마나 시간이 흘렀는지 모른다.

한참이 지난 뒤 검시관이 들어와서 검시를 하고 사진을 찍겠으니 자리를 비켜 달라고 했다. 정신없이 뒤돌아섰다. 오 사무총국장이 그곳을 나와 아는 경찰서장과 마주 쳤을 때 비로소 자신이 흐느끼며 눈물이 두 뺨을 적시고 있다는 것을 알았다. 한동안 흐느껴 울었다.

그 가족과의 일들이 주마등처럼 지나갔다. 정부가 무너지니

당성이 강해서 직위에 오른 사람, 억지로 직책을 떠맡은 사람, 온갖 줄을 다 동원해 자리를 꿰차고 앉은 사람 등이 구분 없이 한꺼번에 쓰러지고 버림을 받았다. 이 의장이 그에게 보건사회부 장관을 하라고 했을 때 사양했던 것을 떠올렸다. 오 사무총국장은 대신 추천한 손창환(孫昌煥) 박사가 4.19후 창피를 당하고 고생을 했다고 늘 미안해했다.

오 사무총국장은 격랑이 지나고 나서 이 의장 일가의 묘소를 찾았다. 이 의장이 먼저 간 딸을 위해 쓴 비문을 읽고 또 읽었다.

그는 "천사 너를 지키리니/ 여기 고이고이 잘 쉬어다오/ 요단강 건너가 다시 만나자"는 구절을 읽고 또 읽으면서 모든 것이 허무하다고 느꼈다.

그는 30여년이 지나 어느 방송과의 인터뷰에서 진행자가 "이기붕 의장 같은 분은 후에 많은 사람들로부터 역사에 커다란 오점을 남긴 사람으로 이야기 된다."고 하자 "그분은 착한 분이었습니다. 다만 어떤 순간에 옳은 결단을 못한 것이죠."라고 평가를 내렸다.

그는 "나라를 책임지고 있는 사람으로서는 그래서는 안됐었지요."라며 그러나 "(잘못을) 죽음으로 청산한 그 결단을 대견하게 여깁니다. 그 무서운 결단에 존경심마저 듭니다."라고 말했다.

그는 부정과 부패를 저지르고도 떳떳한 것처럼 살아가는 요즘 인사들에게 들으라는 듯 "세상에는 그렇게도 많은 사람들이 자기의 잘못을 스스로 책임지지 못하고 부끄럽게 살고 있는 것을 많이 보고 있지 않습니까. 나는 이 의장 일가는 자결함으로써 충분히 용서 받을 수 있었다고 봅니다."고 단호하게 말했다. 오히려 이 의장을 그렇게 만들고도 떳떳하게 살아간 사람들을 참 싫어했고 끝까지 경멸했다.

그 날 이승만 대통령은 이기붕 의장 일가가 세상을 떠난 뒤 훌훌 털고 경무대를 나와 이화장으로 옮겼다.

화무십일홍(花無十日紅)이었다.

윤비가 환궁하다

오재경은 구황실재산사무총국장으로 발령받아 창덕궁 사무실에서 근무하기 시작하면서 윤비를 생각하는 날이 많아졌다. 그는 전부터도 윤비가 환궁하는 것이 옳다고 여겼다. 하지만 이승만 대통령의 반대가 워낙 강경하다는 것을 알고 있어 속수무책이었다.

이 대통령이 이화장으로 옮기고 나자 오재경은 웨일즈에서 보았던 왕비의 모습을 떠올렸다. 윤비를 창덕궁으로 모셔오기로 마음먹었다. 그는 이화장으로 찾아가 이 대통령에게 낙선재 수리에 관해 보고했다. 하야했음에도 불구하고 이 대통령의 지시였기에 그에게 보고한 것이다. 그가 얼어붙었던 대통령의 마음을 움직였다.

그리고는 허정 과도정부 수반의 허락을 받았다. 1960년 5월 4일은 조선 왕조에 있어서는 상징적인 날이다. 왕조는 망했지만 조선의 왕비가 옛 궁궐로 돌아왔다. 정릉에서 유폐되듯 지내던 윤비가 차에 오르며 회한에 찬 목소리로 "오 국장"하면서 목이 메었다.

윤비가 자동차 뒷좌석 중앙에 앉자 따라온 상궁 두 명은 자동차 바닥에 앉았다. 윤비와 같은 높이에 앉을 수 없다는 궁중 법도를 따른 것이었다.

사전 예행연습도 없었는데 아주 자연스럽게 행동했다. 윤비를 향해 마주 앉아 가는 모습은 인상적이었다.

서울신문 도쿄특파원을 지낸 언론인 김을한 씨는 "오 사무총국장이 이창석 차장을 대동하고 정릉 인수재로 가서 윤대비께 문안을 드린 후 '오늘은 마마를 모시러 왔습니다.'라고 아뢰니 벌써 그 계획을 미리 알고 있던 윤대비와 대비를 모시고 있던 상궁들은 열루(熱淚, 註 뜨거운 눈물)가 방타(滂沱, 註 눈물이 끊임없이 흘러내림)하여 눈을 뜨지 못하였다."고 당시 모습을 전했다. 창덕궁을 나온 지 꼭 10년 만의 일이었다.

이날 신문은 "정릉의 산속에서 고생하시다가 10년 만에 낙선재로 다시 돌아오는 윤대비. 오재경 씨와 두 상궁의 부축을 받고 낙선재로 들어서는 윤대비는 그동안의 고초와 노구에도 불구하고 당당한 기품과 위엄을 잃지 않고 있어 주변을 감탄케 했다."고 사진 설명을 실었다.

윤비는 오재경을 "오 국장, 오 국장"하고 부르며, 그를 세상에서 가장 고마운 사람으로 알고 후에 숨을 거둘 때까지 그를 제일 신임하였다.

이방자 여사는 이와 관련, "이(승만)대통령이 무서워 우리 일이나 윤대비 일을 입 밖에 내지도 못하고 동경에 와도 우리를 만나는 것조차 꺼리던 관리들이 대부분이었는데, 오 국장이 정릉의 윤대비를 그렇게 찾아뵙고 모셨다."고 공개적으로 감사를 표했다.

김을한 씨는 또 오 사무총국장이 영친왕을 모셨던 것도 기록으로 남겼다. 김 씨가 이방자 여사로부터 미국 MIT에서 공부하고 있던 아들(玖)을 보러 갔던 영친왕이 돌아올 비행기 표가 없다는 연락을 받았다. 김 씨가 오 사무총국장을 찾아가 사정을 이야기 했다. 그가 즉석에서 비행기 표를 마련하겠다고 약속했다. 영친왕이 무사히 귀국했다.

오 사무총국장은 윤비가 낙선재로 돌아온 다음에는 왕가의 예우에 맞는 행사를 만들었다.

외교관들과 부인들이 중심이 된 Royal Asiatic Society 모임에서 윤비를 명예회장으로 모셨다. 그리고 창덕궁 인정전에서 접견식을 가졌다.

남녀 회원들이 서구식으로 크게 허리를 굽혀 절하며 윤비를 극진히 예우했다. 이런 일들을 통해서 오 사무총국장은 역사의 향기를 국민들에게, 나아가 외국인에게까지 전해줄 기회를 만들어 나갔다. 영국 카디프에서 본 왕실의 근엄한 생활이 윤비에게서 되살아나도록 배려한 것이다.

이 무렵 오재경이 평생이어갈 봉사하는 삶을 시작했다. USO 한국 재단 설립때 함께 일했던 서울 로타리 클럽에 평회원으로 발을 들여 놓았다. 그리고 멋진 로타리안이 되겠다고 선서했다.

4.19 혁명은 잠자던 국민의식을 일깨웠다. 모든 국민이 국가의 주인이라고 깨닫는 계기가 됐다. 오 사무총국장은 그때까지

닫혀 있던 고궁을 국민들에게 개방했다. 민주, 즉 백성이 주인이 된 시대를 맞이하여 주인에게 되돌려 주는 방법이라고 생각했기 때문이다. 동시에 고궁의 정문 3개를 모두 열었다.

왕만 이용할 수 있던 가운데 가장 큰 대문을 활짝 열어젖혔다. 국민을 주인으로 모시는 상징적인 행사였다.

대문 안을 연한 빛 백토로 깔았다. 매일 아침 깨끗이 청소하고 항상 물을 뿌려가면서 손님을 맞이했다. 이때부터 하얀 백토길이 모든 궁궐로 확대됐다. 오 사무총국장은 이런 가운데서도 구황실재산 목록 만드는 작업을 독려했다. 목록 작업 중에 온갖 압력이 빗발쳤다. 하지만 그는 끝끝내 소신을 굽히지 않았다. 모든 압력을 다 견디며 버텨냈다.

구황실재산을 고스란히 보존하려 했다. 그는 "재산 상태를 완전히 파악하고, 보존하여 산역사의 모습을 통해서 국민감정을 융화하고 이러한 문화재를 관광자원으로 활용하기 위하여 당분간 어떠한 재산의 변동도 하지 않는 것을 원칙으로 한다."고 일찌감치 선언했다.

그가 이 대통령을 움직여 윤비를 낙선재로 모셨고, 영친왕을 받든 것은 참으로 멀리 내다본 한 수였다. 그가 누구에게도 속내를 드러내지는 않았지만 이 대통령을 생각하는 지극한 마음이 담겨있었다. 그는 언젠가 이 대통령을 윤비를 모시듯 우리가 모셔야할 날을 그리고 있었다. 그가 이 대통령을 살아생전에 건국 대통령으로 모시지 못한 것을 안타깝게 생각하는 부분이다.

도둑 한 놈에 지키는 사람 열이 못 당한다

이 무렵 이승만 대통령이 하와이로 날아갔다. 국내에선 그가 거액의 외화를 가지고 출국했다는 등 온갖 비난이 자자했다. 오 사무총국장이 이 대통령에게 보고하겠다고 했던 약속을 지키지 못하게 됐다. 그는 그러나 맡은 일을 차질 없이 진행해 나갔다.

동아일보는 오 사무총국장에게 힘을 실었다. 신문은 항간에 떠돌던 구황실재산 비리 내용이 사실로 드러나고 있다면서 최근에 책임자가 오재경으로 바뀌어 정리가 순조롭게 진행되고 있다고 보도한다.

드디어 목록이 완성됐다. 재산대장만 정리하면 온전하게 구황실 소유가 확정되는 순간이다. 무슨 일이었을까? 6월 6일 밤중에 불이 일어나 청사가 소실되며, 구황실재산의 모든 기록도 함께 불탔다.

이방자 여사는 회고록에서 "오재경 씨가 천신만고 끝에 밤을 새워 간신히 재산목록을 만들었으나 불이나 구황실재산사무총국이 전소되는 바람에 애써 정리한 서류가 몽땅 타버렸다."고 아쉬워했다.

이 여사는 이어 "구황실의 동산은 말할 것도 없고 임야나 토지 등 막대한 부동산이 당시 권력가들의 손에 다 들어갔으며 서울 교외의 수십만 평은 물론 왕릉의 땅까지 팔아먹은 데는 기가 막혀 말조차 할 수 없었다. 이렇게 부정이 많은 것을 조사하려 하니 누군가가 불을 질러 증거를 다 없애버렸다"고 안타까워했다. 오 사무총국장이 책임을 통감하고 사표를 제출했으나 반려됐다.

사건은 화인을 밝혀 내지 못한 채 미궁에 빠졌다. 시중의 여론은 내부에서 부정에 관련된 자료를 소멸시키기 위한 계책이었다고 퍼져 나갔다.

오 사무총국장은 그날의 허탈함을 "어느 곳이나 일을 도와주는 사람보다 해치려는 분위기가 더 많이 따르기 마련이다. 나라 일이란 주인 없는 일이고, 나라 물건이란 임자 없는 것이라고 여겨지는 이런 잘못된 생각이 고쳐질 날이 언제가 될는지 참으로 안타까운 일이다."라고 밝혔다.

윤보선 대통령이 이끄는 새 정부가 출범했다. 사회 모든 분야가 자기들 의견을 쏟아냈다. 오 사무총국장은 어느 곳에도 한 눈 팔지 않았다. 다만 맡은 사무총국장 일을 충실히 했다. 새 정부도 궁궐운영에 눈을 돌릴 수 없었다. 예산이 없기는 지난 정권이나 이번 정권이나 마찬가지였다.

경복궁은 일제 36년과 6.25 때 부서진 것들이 그대로 방치되어 있었다. 여기에 미군들이 수영장을 만들려고 파 놓은 곳에는 정부 수립 후 궁궐과 중앙청에서 생긴 모든 쓰레기들이 산처럼 쌓여 있었다.

오 사무국장은 경복궁 쓰레기를 한꺼번에 정리할 방안을 모색하고 있었다. 아무리 궁리해도 예산을 마련할 길이 없었다.

마침 어느 신문사에서 경복궁에서 서커스를 공연하게 해달라는 요청이 들어 왔다. 그가 쾌재를 불렀다. 그는 장소 대여로 생긴 돈을 궁궐 청소 및 정리 정돈 비용으로 쓰기로 했다. 시민들에게 문화재를 알리고, 우리 역사에 대해 자부심을 갖게 하며, 청소도 하는 등 그야말로 일석삼조(一石三鳥)의 효과를 거둘 계획이었다.

모든 일이 뜻대로만 이루어지랴. 사촌이 땅을 사도 배 아파하는 경우도 있는데. 경쟁신문사가 문화재 훼손이라며 들고일어났고 요로에서 압력이 빗발쳤다. 그의 뜻과는 전혀 다른 방향으로 일이 흘러갔다. 결국 계획은 취소되었고, 오 사무총국장이 비난을 받았다.

민족의 명절 추석. 그날 밤에는 경복궁에서 달맞이를 했다. 어느 해보다 달이 더 밝아 보였다. 국민들의 마음속에 뜬 달은 더 희망적이었다. 흥겨운 춤잔치가 열렸다. 조선 왕조의 역사를 생활에서 느끼게 했다. 뒤이어 사무총국 직원들의 친목운동회도 열었다. 윤비도 참관했다. 한복으로 곱게 단장한 윤비는 흰 테 안경을 썼다. 인자한 그 눈빛과 마냥 즐거워하던 그 모습이 눈에 선하다.

오 사무총국장이 잊혀져 가던 조선 왕실의 존재를 널리 알렸다. 그는 "살아 있는 우리의 역사이며 보존해야할 가치"라고 말하곤 했다.

공민권 제한 대상에서 벗어나다

이 무렵 오 사무총국장에 대한 투서가 관계기관에 접수되기 시작했다. 언론이 서서히 오 사무총국장을 의심의 눈으로 쳐다보기 시작했다. 시간이 지날수록 의혹의 눈초리가 점점 더해 갔다. 복마전 같은 구황실재산사무총국장이었으니 그럴 수도 있었을 것이다. 하지만 그보다는 그가 젊은 나이에 공보실장을 했고, 이승만 대통령의 사랑을 듬뿍 받았다는 것이 더 큰 이유였을 것이다.

드디어 신문이 '오재경 씨 내사'라는 기사를 내보냈다. 원각사와 코리아 하우스 개수비 일부를 부정처리한 혐의라고 지적했다. 경향신문은 그가 데리고 있던 어느 과장의 진정서에 의한 것이라고 보도했다.

오 사무총국장은 낙담했다. 그는 공보실장 재직 중 신문의 입장에서 일했고, 신문을 아꼈다고 말했다. 그러기에 "벼슬도 버렸다."고 했다. 그런데 "그 신문의 무책임한 취재 때문에 상상도 할 수 없는 죄명을 썼을 때 눈앞이 아찔했다."고 그가 억울함을 피력했다.

보름쯤 지난 11월 12일 경향신문은 오재경이 10억여 환을 횡령했다는 액수까지 들고 나온다. 공보실장으로 있을 때 원각사와 코리아하우스를 건축하면서 약 10억 환을 횡령했고, 구황실재산사무총국장으로 있을 때 약 7천만 환을 횡령했다는 것이다.

하루 뒤에 동아일보는 '전 구황실사무총국장 오재경 씨를 환문, 전 심계원장에 증회혐의'라고 돈을 받았다는 사람까지 거론했다. 부정 사실이 심계감사에서 드러나자 당시의 심계원장에게 돈을 주고 무마했다는 것이다. 분명한 작문이었다.

이전에 국가 경축행사장에서 만난 심계원장 김세완 씨는 "나는 당신을 믿어요."라고 오재경을 위로했었다. 또 김 씨의 전임자 최하영 씨도 "당신은 불법은 있어도 부정은 없는 사람인 것을 우리는 알아. 일하기 위해 법을 어기는 일은 있으나 돈은 안 먹는 것을 우리는 안다."고 다독였다.

정말 억울했다. 오재경은 신문이 앞장서서 그를 궁지로 몰고 있다고 생각했다. 그는 파문이 일파만파로 확산되자 "신문이 한 것이니 하고 무작정 그대로 있을 수 없었다."며 광고를 냈다.

그가 11월 13일 동아일보 1면 하단 광고란에 2단 7센티 가량의 '개진서'를 개인비용으로 실었다.

그는 "일을 위하여 사정(私情)보다도 대의(大義)를 앞세웠다." 면서 "죄가 있다면 밤낮 가리지 않고 일하였으며 또 본인의 젊은 동지들에게 본인처럼 밤낮 가리지 않고 일을 시킨 것 밖에는 없다."고 분통한 마음을 광고했다.

그는 또 "무책임한 사감과 이에 따르는 투서가 귀중한 인격을 송두리째 짓밟고 있다."고 전제, "정(正)이 부정(不正)이 되고 이룩해 놓은 젊은이의 결정(結晶)이 이렇게 무너져 버려야 되겠습니까?"라고 독자들에게 호소했다.

그는 같은 날 서울 신문에 실은 글에서 "그러지 않아도 약한 나의 신앙심에 금이 가고, 무슨 일을 당하던지 참고 견디어 나가야 하겠다는 나의 슬픈 애정은 하나의 억울한 패배의식으로 변하여 감을 나 자신 안타까워 하였다."고 솔직한 심정을 털어 놨다.

그는 이처럼 광고를 내는 등 적극적으로 대처했으나 "나의 안타까움이 이것으로 풀릴 수는 없었다."며 아픈 마음을 그대로 솔직하게 드러냈다. "더구나 기대한 사람에게 시련을 당했을 때의 아픔은 더 큰 것이었다."고 쓰라린 가슴을 여러 차례 이야기했다.

오재경은 허탈한 심정을 기도로 달랬다. 검찰이 그를 소환했다. 그는 말 그대로 있는 그대로 다 보였다. 심계원장 김세완 씨는 검찰청에 직접 출두해 그의 결백을 진술했다.

며칠 후 공교롭게도 오 사무총국장에게 부정축재의 누명을 씌우는 빌미가 된 원각사에 화재가 발생했다. 12월 5일이다. 호사다마였을까? '만 사람의 입은 무쇠를 녹인다.'는 우리나라 속담처럼 먹고 살기 어려운데 무슨 극장이냐고 말하던 사람들의 말이 원각사에 꽂혔을까.

그가 자동차를 몰고 가는데 라디오에서 원각사 화재 뉴스가 흘러나왔다. 즉시 원각사로 달려갔다. 우리 문화를 중흥시켜보려던 그의 노력이 한순간에 무너졌다. 아무 말도 못했다.

그는 나중에 "자식을 잃는 듯한 아픈 마음에 빠져 있었다."고 말했다. 오 사무총국장은 벽화를 그린 화가들에게 가장 미안했다. 그는 “그분들은 자기는 죽어도 그분들이 그린 그림은 오래오래 남아 있을 것으로 마음먹고 힘껏 그린 것들이다.”라고 안타까워했다.

훗날 그는 원각사에 그려진 그림이 베네치아의 대성당에 그려진 것처럼 역사와 예술성을 전해주리라고 믿었다고 말했다.

화재 이후 오 사무총국장은 더 심한 충격에 빠진다. 경찰이 피해액을 3천 만환으로 추산했다. 다음 날 경향신문은 피해액 관련 기사를 내보냈다. 신문은 경찰의 원각사 화재 피해액 추산이 모순이라고 지적했다.

기사의 원문이다. “경찰은 원각사 화재 사건의 피해액을 2천 220만 환이라고 단정하기까지 어떤 기준으로 추산했는지 모르나 시가로 보면 1억 환으로 추산되고 있는 것이다.”

신문은 이유로 애당초 원각사를 수리할 때 이미 8천만 환의 돈을 들였으며 원각사 복도에 걸려 있는 그림(동양화)만 해도 한 폭에 5백만 환짜리가 있는 등 집기 일체를 따지더라도 원각사 전소로 인한 피해가 2,200만 환밖에 안 된다는 것은 경찰이 ‘책임을 모면하기 위한’ 지난날의 습성이라고 꼬집었다. 피해액을 과소평가했다는 것이다.

경향신문은 한 달 전에 오 사무총국장이 원각사 수리비용에서 10억 환을 횡령했다고 보도했던 것을 의식한 것이다. 보도대로라면 공사비가 50배 이상 부풀려 졌다는 계산이었다. 신문은 화재원인이 무대 뒤 분장실에서 전기 히터 과열로 발생했다는 경찰 발표를 같은 날 같은 지면에 실었다.

그의 고난은 해를 넘어서도 계속 됐다.

1961년 1월 오재경이 구황실재산 사무총국장에서 물러났다. 오재경이 또 실업자 신세가 됐다. 그가 새 정부에 지나간 일을 정당하게 처리하라고 주장했다. 그러나 그는 '공민권제한 심사케이스 해당자'에서 벗어나지 못했다.

1961년 2월 2일 반민주행위자 서울특별시 조사위원회에서 발표한 서울시내 심사케이스 해당자 1,315명중 657명의 명단에 오재경이 포함됐다. 그는 그때까지도 자유당 중앙위원으로 되어 있었다.

그는 이후 서울특별시 조사위원회가 공민권 제한 심사 대상자를 조사할 때 먼저 서면으로 위원회에 진상을 알렸다. 그는 서면에서 "공보실장으로 재직한 2년 반 동안 밤낮으로 맡은 바 책임을 다하였으나 결국 민주적 생활에 불가결한 언론자유의 창달과 올바른 국민 여론 계도의 지도성을 상실할 위태로움을 느끼어 부득이 재작년(註 1959년) 1월말 그 직에서 자퇴하게 되었습니다."고 퇴진 시기와 이유를 밝혔다.

부정선거와 부패 혐의를 받는 이들이 공민권 심사 대상자들이었던 것을 의식한 것이다. 부정선거가 실시되기 1년 2개월 전에 이미 공직을 떠났는데 어떻게 부정선거에 연루될 수 있었겠느냐는 해명이다. 그는 공보실장으로 재임하는 동안에 자유당의 당직자로 자동 등록되었다. 그러나 당내 활동을 한 적이 없었다.

오재경은 당시 지금의 극동빌딩 자리에 있던 일신초등학교 맞은편에 있었던 반민주행위자 서울시조사위원회 사무실로 나갔다.

서울대 조규동(趙奎東)교수가 담당관이 되어 그를 맡아 신문했다. 심사결과 반민주행위자 서울시조사위원회가 그를 공민권제한 대상자에서 제외했다. 무혐의였다. 그러나 그 과정에서 그가 겪은 온갖 수모는 그대로 남았다. 심리적으로 육체적으로 겪은 고통은 말로 표현할 수 없었다. 더 아픈 것은 믿었던 사람들로부터의 배신이었다. 그가 정신적 압박을 견디지 못하고 병원에 입원도 했었다. 통원치료도 계속했다.

그렇게 잔인한 봄이 지나가고 있었다.

5 국가개혁에 부름받아

"나는 몹시 흥분했다. 어둠 속에서 빛을 찾은 듯 싶었고 절망 속에서 소생하는 듯, 잘못된 민권이 옳은 국권으로 회복되어 그 모습을 새로이 할 가능성이 보이는 듯 하였다. 나는 혁명군이 하는 일이 잘 되기만을 바랐다. 나는 솔직하게 말해서 이러한 일이 일어났다는 그 사실만으로써 만족했던 것이다. 사실 이러한 흥분이 국가적인 장래를 생각해서라기보다 천하게 된 나의 인격을 죽을 수 없어 억지로 지탱해 나오던 어제 오늘의 나의 생활에서 온 것일지도 모른다."

군사정부의 공보부 장관이 되다

5.16이 일어난 새벽에 오재경은 전화소리로 잠에서 깨어났다. 원효로에 사는 지인이 한강 인도교 부근에서 총소리가 요란한데 이유는 알 수 없다면서 전화로 소식을 알렸다.

그는 라디오를 켰다. 그가 전국 네트워크로 확대하고 방송시간을 연장한 KBS 라디오에서 박종세 아나운서가 혁명공약을 읽었다. 공약 3장이 마음에 다가 왔다. "이 나라 사회의 모든 부패와 구악을 일소하고 퇴폐한 국민도의와 민족정기를 바로 잡기 위해 청신한 기풍을 진작시킨다."

가슴이 두근거렸다. 오재경은 훗날 당시의 심정을 이렇게 이야기했다. "나는 몹시 흥분했다. 어둠 속에서 빛을 찾은 듯 싶었고 절망 속에서 소생하는 듯, 잘못된 민권이 옳은 국권으로 회복되어 그 모습을 새로이 할 가능성이 보이는 듯 하였다. 나는 혁명군이 하는 일이 잘 되기만을 바랐다. 나는 솔직하게 말해서 이러한 일이 일어났다는 그 사실만으로써 만족했던 것이다. 사실 이러한 흥분이 국가적인 장래를 생각해서라기보다 천하게 된 나의 인격을 죽을 수 없어 억지로 지탱해 나오던 어제 오늘의 나의 생활에서 온 것일지도 모른다."

그는 솔직했다. 국가와 국민을 위해 죽도록 일만 했는데 각종 투서와 질시 등에 시달린 것이 떠올랐다. 그간 당한 억울하고 안타깝던 생각이 확 지워지는 것 같은 청량감을 느꼈다고 한다. 한

편으로는 “기왕에 정치하던 사람들이 일을 잘했던들 이런 일이 없었을 것”라고 전 정부에서 고위공직을 맡았던 자신의 입장도 반성한다.

이전까지 분하고 답답했던 오재경이 그날 느낀 솔직한 심정을 꾸밈없이 이야기했다. 그의 진솔함이 매력을 느끼게 한다. 인간 오재경의 인간다운 면이다. 그가 스스로 나섰다. 그가 가진 모든 노하우를 같은 나이 또래인 군인들에게 전해주고 싶었다. 그는 몇 차례 군인들에게 그의 노하우를 전했다. 사회의 모든 부조리가 없어지길 바라는 마음을 담아 보냈다.

군사정부는 오재경에게 여러 가지 직책을 제의했다. 첫째, 군인이 공보부 장관을 맡고 오재경에게는 장관 고문을 맡아달라고 했다. 두 번째는 서울신문과 대한공론사 사장직을 제의했다.

그는 부패했다고 국민들로부터 버림받은 지난 정권에 봉사했던 사람이라며 거절했다. 참신한 새사람이 이러한 일을 맡아야 한다고 두 자리 모두 고사했다.

군사정부의 세 번째 제안이 당도했다. 삼고초려였던 셈이다. 6월 하순 어느 일요일 오후, 이주일 장군으로부터 전갈이 왔다. 그는 당시 최고회의 재정위원장, 부정축재처리위원장과 인사위원장을 맡고 있었다. 그는 오재경에게 공보부장관직을 맡아달라고 했다. 이주일 장군은 오재경을 만난 자리에서 단도직입적으로 “당신은 부정부패를 모르는 사람임을 우리는 안다.”면서 “함께 일하자."고 말했다. 그 한 마디에 오재경이 마음을 바꿨다.

그는 공보실장 때 다하지 못하고 물러난 일을 마치기로 작정하고, 맡은 소임에 자신을 불태워 버릴 각오를 다졌다. 그리고 이 땅위에 다시는 부정부패가 발붙일 수 없도록 매사를 빈틈없이 꾸리겠다고 마음을 다잡았다.

5,16 후의 혼란이 진정되어 가던 7월 7일. 오재경이 공보부 장관에 임명되었고, 국민들의 군사혁명에 대한 거부감을 해소하는 데 매진했다. 일들이 몰려 눈코 뜰 새 없었다.

오 장관은 그 시대의 비극을 극복하는 이슈를 들고 군인들이 나섰지만, 오랫동안 쌓여온 사회적인 그리고 민족 성격적인 많은 적폐를 이런 기회에 바로잡아 국민적인 혁명으로 승화시켜야한다는 생각을 가지고 있었다.

언론은 병 주고 약 주는 것일까. 앞 다퉈 그의 수뢰 의혹을 부풀려 보도하던 신문들이 이번에는 칭찬일색이다. 신문들은 오 장관을 "일할 줄 아는 사람"이라며 "역시 품에 맞는 일꾼"을 제자리에 앉혔다고 보도했다.

경향신문은 '공보부 장관 오재경 씨 젊음에 용기 백배'라는 제목에 '李정권에 직간하고 물러서'라는 부제로 그의 취임을 알렸다.

이 신문은 "이 박사정권에 언론탄압을 반대한 직간이 화근이 되어 자리를 물러서게 되었다."면서 "민주주의의 신봉자 오 장관에게 국민들이 걸고 있는 기대는 이제는 42세라는 젊음뿐만 아니라 그가 지니고 있는 이러한 의욕에 따른 지성일 것"이라고 강조했다.

언론은 링컨의 전기를 인용한 "민주주의는 관용이 필요하다."는 그의 말까지도 놓치지 않았다. 이 말이 새로운 세대가 정치를 시작하는 마당에 어떤 암시를 하는 것만 같았다. 오 장관이 가장 먼저 착수한 것이 중단된 농어촌 앰프 설치 작업을 전국 시범마을로 확대하는 일이었다.

농촌계몽의 일환으로 한 마을에 앰프 한 대씩을 설치해 유선으로 집안의 스피커와 연결했다. 국민들은 스피커를 통해 농사정보, 일기예보, 라디오 드라마 등 각종 정보와 문화 소식을 전달받았다.

새 정보를 접하게 된 국민들이 변화를 보이기 시작한다. 가정의 스피커가 국민을 국가사업에 동참하는 일꾼으로 끌어낸 것이다. 이후 정부는 국민 동원과 참여를 자신할 수 있었다. 이 일이 새마을 운동으로 이어가는 계기가 된다.

공보부가 이번에는 운니동에 있던 국립국악원을 문교부로부터 이관 받았다. 곧바로 국립국악원 건물을 개수했다. 국립국악원이 모습을 일신했다. 정문을 순한국식 대문으로 복원했다.

그 때까지 이왕직아악부라 불리며 관심조차 받지 못했던 국립국악원에 새로운 분위기가 조성됐다. 뿐만 아니라 민족음악이 되살아나는 분위기가 덩달아 일었다. 이를 계기로 국악도 이때부터 당당한 위치를 차지했다. 1967년까지 이 청사에서 국악중흥의 이상이 이어졌다.

그는 공보실장 때 KBS가 맡아 하다가 중단했던 국악 녹음 작업을 계속하라고 지시했다. 국악인 후계자 지원프로그램에 따라 발굴한 인재 양성에도 박차를 가했다.

오 공보장관은 또 그가 이승만 정부 공보실장에서 물러난 뒤 중단되었던 전국 민속경연대회도 부활했다. 부활된 전국 민속예술경연대회가 그해 추석 때 열려 민속명절을 더욱 흥겹게 했다.

공보부는 신라문화제, 백제문화제를 비롯해서 각 지방 특유의 문화사업을 일으켜 혁명으로 조성된 긴장과 공포에 억눌려 있던 민심을 서서히 유화시켜 나갔다. 비로소 국민들이 서서히 긴장에서 벗어나 웃음을 되찾기 시작했다. 웃을 일이 없었던 국민들 사이에 미소가 번져나갔다.

공보실장 재직 때 마무리 하지 못한 지방 공보관 설립도 모두 마쳤다. 그리고 연말에는 눈을 해외로 돌렸다. 일본에 해외공보관을 설치키로 하고 내각사무처에 근무하던 조돈준 씨를 발령했다. 도쿄 아카사카의 신사 건너편에 있던 건물의 2, 3층을 빌려서 사무실 외에 도서, 영사 및 전시실을 꾸몄다. 주일 공보관이 개관되고 얼마 지나지 않아 조총련은 1만 명 이상을 동원해서 공보관 앞에서 시위행진을 벌이기도 했다.

일본과 수교하기 전인데도 일본의 중요성을 인식한 오 장관은 일본에서 공보관이 국가를 대표하여 조총련에 대응하여 홍보문화활동을 주도케 했다. 한국의 실상을 바르게 그리고 널리 알려야 한다는 것이었다. 대사관조차도 없던 때에 공보관을 생각한 그의 앞선 생각이 한일관계에서 그 후 매우 중요한 역할을 한다.

오 장관은 국민 사기 진작에도 앞장섰다. 국민 자존심을 고양하기 위해 가장 큰 태극기를 생각했다.

1961년 11월 11일 효창운동장에서 문화인 체육대회가 열렸다. 오 장관은 그날 마음속에 늘 두고 있었던 우리나라에서 제일 큰 태극기를 만들어 효창구장 하늘에 띄웠다. 폭 20미터 길이 30미터의 태극기가 창공에서 휘날렸다. 당시로서는 제작하기도 쉽지 않은 크기였다. 태극기는 경찰 시설을 동원해 만들었다.

공교롭게도 박정희 국가재건최고회의 의장이 미국 방문을 위해 떠나던 날이었다. 당시 미국 방문은 널리 알려졌듯이 박 의장이 미국에 가서 동갑내기 존 F. 케네디 대통령으로부터 혁명을 추인(?) 받으려는 나들이였다. 대회 개막식에 주무장관인 오재경이 참석했고, 박 의장도 들러 격려를 하고는 비행장으로 갔다. 오재경이 박 의장에게 힘을 실어 주려는 것처럼 보였다.

반 년 만에 KBS TV를 설립하다

1961년 12월 31일 저녁 6시 채널 9로 KBS TV가 정규방송을 시작했다. KBS 남산 스튜디오에서 열린 개국식에는 박정희 국가재건최고회의 의장, 송요찬 내각수반, 오재경 공보부장관 등이 참석했다.

당시만 해도 TV는 사치품으로 인식되었으며 계층 간의 위화감을 조성한다고 반대하는 사람들이 많았다. 특히 시설구입에 필요한 외화를 마련하는 일이 아주 어려웠다. 자유당 때도 이승만 대통령의 승인까지 받았으나 재정이 뒷받침되지 않아 접었던 일이었다.

KBS TV를 설립할 때 이야기다. 일이 풀리려고 하니까 쉽게 풀렸다. 당시 중앙정보부장이던 김종필 씨가 2015년 4월 24일 중앙일보에 기고한 회고록에 의하면, 공보부는 이북의 거물 간첩 황태성으로부터 압수한 20만 달러와 정부의 예비비에서 1억 환을 텔레비전 방송국 개국 예산으로 받았다. 자금이 지원되고 나서 6개월 이내에 방송을 개시하라는 조건이었다.

이런 일은 세계 TV 방송역사에 없는 일이었다. 그 당시 공보부 기획관리실장이었던 김기완씨는 '죽포칠십이자술'(竹浦七十而自述)의 기고문에서 "오 장관은 오차가 없는 무서운 분이셨으며, 박정희 최고회의 의장도 못할 줄 알았는데 용케 끝냈다고 하며 흡족해 하셨다."고 했다.

그러나 실무를 담당했던 사람들의 입장은 달랐다. 당시 실무 총책임자의 한 사람이었던 김규 교수의 이야기다. 김 교수는 미국에서 1961년 대학원을 졸업하고 미국 3대 네트워크의 하나인 ABC 방송에 취직이 되어, 8월부터 근무하기로 되어 있었다. 미국 유학을 도와주었던 오재경과 짐 루케스 칼럼리스트의 도움으로 동양인 최초로 TV를 제대로 공부하고 네트워크 본사에 취직을 한 것이다.

그러던 중 5월말 어느 날 밤중에 오 장관이 김 교수에게 전화를 했다. TV 방송국을 만드니 만사 제치고 빨리 귀국하라는 것이었다. 물론 거절했다고 한다.

그 다음 날도 전화했고, 그 후도 여러 번 전화를 했다. 그리고는 마침내 화를 냈다. 삼성의 이병철 회장도 귀국을 하는 것이 좋겠다는 전화를 했고, 루케스와 해거티 사장도 전공분야이고 뜻이 있는 일이니 해보라는 말을 하였다.

김 교수가 귀국해 보니 TV 방송 전문가도, 기술자도, 기계도 없는 막막한 상황이었다. 방송국장은 현역육군 군악대장이었으며 감독관은 육사 생도대장이었다.

급한 것이 사람이었다. 생각다 못해 미8군 TV국에 가서 서울공대 전기과 출신 5명을 설득했다. 강진구 최고 책임자는 말이 통하는 사람이었다. 그가 5명을 설득해 KBS로 데리고 왔다. 8군 TV국은 방송이 중단될 지경에까지 이르렀다.

강진구 씨가 기술과장, 최창봉 씨가 제작과장, 김규 씨가 기획편성 과장을 맡았다. 이들에게 1961년 가을은 혹독했다. 이들이 주축이 된 창설요원들은 그해 9월 기획 편성 연출 제작 진행 각 분야의 신입사원을 모아 부산에 가서 주로 일본 TV프로그램을 보면서 훈련 시켰다. 우리나라 TV의 특성을 연구할 시간은 엄두도 낼 수 없었다. 누구도 TV 방송국을 설립해본 경험이 없던 이들은 해야 한다는 의무감과 해 보겠다는 의욕으로 넘쳤다. 모두가 건축중인 방송국 구석에 야전 침대를 두고 야간공사를 강행했다. 하나 밖에 없는 스튜디오 창문에는 가마니를 쳤고, 바닥은 콘크리트였다. 미국의 RCA에서 급히 공수해온 기재는 최소한의 필요한 것으로만 설치했으며, 녹음기 녹화기 난방장치 냉방장치는 생각도 못하는 처지였다. 방송이 나가는 중에도 한쪽에서는 세트를 제작하고, 드라마 쇼 코미디 뉴스 대담 등 각종 프로가 계속해서 같은 장소에서 만들어졌다.

스튜디오가 아니라 시장바닥 같았다. 시청자에게 대사나 가사가 제대로 전달될 수가 없었다. 그는 혼자서 중얼거리곤 했다. “이것은 방송국이 아니다.”라고.

초창기 TV세트를 가진 일반 가정은 아주 드물었다. 방송 시작 전에 다행히도 TV세트 3000대를 일본에서 수입하여 사람이 많이 모이는 곳에 설치하였다. 시청자수도 극히 적었고 내용을 비평하고 검토하는 사람도 별로 없었다. 방송국 출범 자체만으로 만족하는 수준이었다.

모든 프로그램이 생방송이라 연기자가 대사를 잊어버린다든가 틀리면 방송에 차질이 생겼고, 옆에서 대사를 읽어주는 목소리랑

세트 제작 소리로 시끄럽다는 전화는 끝이 없었다. 오재경은 매일 현장에 가서 수고한다는 말을 아끼지 않았다. 김 교수는 때때로 오 장관에게 '이것은 TV방송국이 아닙니다.'라는 말을 하지 않을 수 없었다.

이렇게 100명도 안 되는 초창기 스탭들의 굳은 결심 하나로 열악한 여건 아래서 그해 말에 TV 전파 송출을 성공시킨 것은 기적에 가까운 일이었다. 그 작은 씨가 성장하여 오늘의 KBS TV라는 매머드 네트워크가 생긴 것이다. 이뿐 아니라 오재경과 함께 KBS TV를 출범시킨 초창기 요원들은 1980년대 들어서 우리나라 방송과 언론, 전자 산업계를 이끌어 가는 주축이 된다. 최창봉 씨는 MBC 사장, 강진구 씨는 삼성전자 사장이 각각 되었고, 김규 씨는 서강대학교에 영상 대학원을 설립했다.

"최고는 못되더라도 최선을 다한다"는 오 장관의 신념이 바탕이 된 것이다. 프란치스코 교황은 "20년 동안 한번도 TV를 본 적이 없다."면서 "식사할 때만이라도 TV를 끄라."고 하셨다. 오 장관이 생존해 있다면 이 말을 어떻게 받아들일지 궁금하다.

텔레비전 개국을 앞두고 오 장관이 KBS의 2차 대변혁을 시도한다. KBS에 프로듀서라는 개념을 도입했다. 공무원이었던 KBS 직원들은 발령을 받으면 직무가 바뀌곤 했다. 누구나 방송 프로그램을 제작하던 시절이었다. 그러던 것을 그의 명령으로 방송 전문 프로듀서를 배치하기 시작했다. 파격적인 조치였다. 첫 번째로 50명을 공개로 채용했다.

언론정화를 또 몸으로 막아내다

5.16 직후부터 주체세력은 사회정화운동을 강력하게 추진했다. 부조리가 스며들었다고 여겨지는 모든 집단이 개혁의 대상이었다. 주체 세력의 의중에는 언론계도 예외가 아니었다. 그들은 오 장관에게 장관직을 맡기기 전부터 언론을 개혁의 대상으로 손꼽고 있었다.

앞에서 인용했던 김기완 씨의 말이다. 어느 날인가 최고회의에 불려갔던 그분(註 오재경)이 난처한 표정으로 돌아오셨다. 팔절짜리 종이 한 장을 나에게 건네주시면서 "여보! 큰일 났어. 이걸 어떻게 하지?"하고 물으셨다. 몹시 긴장한 표정이었다. 그 종이에 언론계의 저명한 인사들의 이름이 적혀 있었다. 모두가 쟁쟁한 언론인이었다. 이분들을 모조리 숙청하여 두 번 다시 언론계에 발을 붙이지 못하도록 하라는 지시였다. 그 명단 가운데는 이미 작고한 분과 지금도 활약하는 분들을 포함해 마흔일곱명의 이름이 적혀 있었다. 이틀 후에 이 지침에 대한 실천방안을 브리핑하라는 지시도 있었다.

난감한 과제였다. 숙의 끝에 그분이 내린 결론은 사회전체가 부패했는데 유독 언론계에 국한한 가혹한 숙청을 하는 것은 온당하지 않다는 결론이었다. A,B,C 세 가지 방안을 챠트에 담았다. A안은 만약 지시대로 한다면 어떻게 될 것인가 하는 문제점들을 되도록 클로즈업 시켰고, 스스로 자숙하고 개선을 촉구하는 것을

B안으로, 아예 이 지시가 없었던 것으로 해달라는 것을 C안으로 만들었다. 당일 그분과 나는 사표를 써서 안주머니에 넣고 최고회의에 갔었다. 의장을 모시고 문공분과위원장과 각 위원들이 배석했다.

오 장관이 비장한 각오로 브리핑을 시작했다. "지시하신 언론계 숙청 방안에 대한 브리핑을 시작하겠습니다. 지시하신 숙청사업의 재고를 건의 드립니다. 지금 우리나라 각계각층이 모두 부패해 있고, 군마저도 부패해 있던 것이 사실입니다. 지금은 모든 분야에 있는 인사들이 과오를 청산하고 새로운 조국에 공헌해야 할 때입니다. 이러한 조치는 새로운 분란을 불러일으키고 국민분열을 조장하게 할 우려가 큽니다. 인간에게 허물은 순간적인 과오의 점일 뿐 그것이 영원한 부담일 수는 없습니다. 가능하면 이 지침이 없었던 것으로 처리되기를 바랍니다."

세 가지 방안 설명이 끝났다. 오 장관이 태연하게 자리로 돌아와 앉았다. 최고위원들의 신랄한 질책이 이어졌다. 오 장관이 조용하게 위원장에게 사표를 냈다. 청사로 돌아와 짐을 정리했다. 사표가 반려되었다. 그리고 아무 일도 없었던 것처럼 C안이 채택되었다.

이런 상황을 어렴풋이 감지한 언론은 조심스럽게 그들의 입장을 보도하기 시작했다.

동아일보는 1962년 4월 15일 언론정화에 대해 가십란에 보도했다. '썩은 언론인 이름 밝혀지길'이라는 기사를 보자.

어제까지만 해도 추가공고분에 언론인이 몇 사람 끼어 있다고 말하던 이후락 공보실장이 15일 하오 정치정화위원회가 그 명단을 최종적으로 확인하는 회의에 참석하고 나와서는 "포함되어 있지 않다"고 그 전날의 말을 스스로 부인해 버렸다. 그는 "의장과 정쟁위원들이 상당히 논란을 했습니다. 처음에는 있기는 있었으나 의장을 비롯한 모든 위원들의 움직임이 언론정화와 정치정화는 별개의 것이며 언론의 정화를 정쟁법으로 할 수는 없다는 방향으로 흘렀지요."라고 그 경위를 설명. 그러나 그는 곧 말을 이어 "최고회의는 자율적인 언론정화를 기다립니다. 그것이 안될 때는 언론창달을 위해서 어떤 조치라도…"하면서 (만약 제대로 이루어지지 않는다면) 정부가 타율적인 힘을 가할 (수도 있다는) 것도 밝혔다. 몇 사람의 부패언론인으로 마치 언론계 전체가 부패한 것 같은 인상을 받는 것을 참을 수 없는 진정한 언론인들은 하루 속히 "썩은 언론인의 이름이 세상에 밝혀지길 바란다.

경향신문에 따르면 김종필 중앙정보부장은 같은 달 24일 외신기자들과의 만남에서 "(국내)언론정화는 자발적으로 이루어지길 바란다."면서 "언제까지나 자율적인 정화를 취하지 않을 때는 정부로서 행동을 취하게 될는지 모른다."고 말했다. 이어 이틀 뒤 정치정화위원회 위원장인 이주일 부의장도 "발행인 편집인 기자

모두가 지성인이기 때문에 정부로서는 자율적인 정화를 기다릴 뿐"이라고 말해 오재경이 주장해온 강제정화가 불가하다는 것이 반영되었음을 재차 확인했다.

하지만 5.16주체 세력들의 뇌리에는 "정치 사회 각 분야가 정화되었으나 언론기관만이 정화되지 않았다."는 생각이 깊이 박혀 있었다. 그런 면에서 오재경의 생각도 그들과 다르지 않았다. 다만 "언론기업에 대한 정화가 선행되어야 한다." 생각했다.

그런 맥락에서 정부는 기자들이 기자협회를 구성하려는 움직임에 제동을 걸었다. 동아일보에 의하면 경찰은 신문기자들이 제출한 집회 허가를 불허했고, 오 장관은 "정치가와 신문 때문에 망했다는 일반의 신문에 대한 불신이 아직도 가시지 않고 있다."며 "시기상조"라고 그 이유를 설명했다.

그는 그럼에도 불구하고 "언론인의 정화는 어떤 타율적인 법적제재에 의해서 이루어지는 것보다 자율적인 면에서 단행될 것을 기대한다."고 일관되게 주장했다.

국민 마음을 음악으로 달래다

오 장관은 방송에 음악이 없으면 정상적인 운영이 불가능하다는 것을 알고 있었다. 그래서 텔레비전 방송국을 건설하면서 동시에 국민들의 음악적 소양을 국제 수준으로 끌어올리기 위한 작업에 착수했다. 그것은 오랜 시간을 필요로 하는 장기 계획이었다.

그것은 먼 훗날을 대비한 정부의 선투자이기도 했다. 우선 국민의 음악적 안목을 높이는데 착안하여 국제 음악제를 열기로 했다. TF팀을 꾸렸다. 국내에는 이벤트 전문가가 없었다. 그렇다고 물러날 일이 아니었다. 가장 가능한 사람을 찾아 나섰다.

당시 공보부의 초대 문화과장이었던 김창구가 어느 날 남산 KBS 방송국의 사무실로 학교 후배인 이상만 씨를 찾아 갔다. 소위 말하는 스카웃을 하기 위해서였다.

오 장관이 평소에 눈여겨보고 있던 이 씨를 부르라 심부름을 보낸 것이었다. 김창구 씨가 이상만 씨에게 국제음악제를 구상하는데 거기서 일하자는 말을 전했다. 이 말을 들은 이 씨는 기뻐했지만 한편 겁도 냈다.

그때 이 씨는 방송국의 짧은 프로듀서 경험과 음악평론에 데뷔한 초년병이라 음악계의 사정을 어렴풋이 밖에 알 수 없어 더 두려워했다. 큰일을 해내야 한다는 중압감을 이겨낼 수 있을까 걱정했다. 그가 생각 끝에 김 씨의 제안을 받아들였다.

그 당시 공보부는 옛 중앙청 자리에 있었다. 국제음악제를 하기위해 이 씨를 부른 사람이나 불려간 사람이나 경험이 전혀 없었다. 모두가 의욕만 대단했다.

음악제는 일본에서 시작한 오사카 페스티벌을 모델로 삼았다. 국내에는 본 받을 모델이 전혀 없어 그대로 따라 했다. 요즘 같으면 저작권 문제로 커다란 말썽이 일어났겠지만 당시로서는 유일한 방법이었다. 주일 공보관 조돈준 씨가 해외 음악가의 섭외를 맡았다.

국내에서는 오 장관의 지시로 모든 것이 뒷받침됐다. 안팎에서 손발이 척척 맞았다. 1962년 5월 16일에 5.16 1주년을 기념하여 빌토오지 디로마, 하프의 니카놀 자 바레타, 첼로의 앙드레 나바레 그리고 크리스텔 골츠, 요셉 멧데르니히, 후릿츠 울을 초빙, 게랄드 핏슈와 만프레드 그루릿트를 엮어 베토벤의 가극 '피델리오'를 공연했다. 교향악의 밤에는 2백명의 합주, 5백명의 합창, 3천명의 청중이 하나가 되어 지난 날 목메어 부르던 애국가를 소리높여 합창했다.

차질 없이 계획대로 공연이 끝났다. 흥행에도 성공했다. 국민들이 이제는 자유로워진 민족의 혼과 자기의 정체성을 발견했다.

오 장관은 음악제에 참가한 외국 예술가 한 사람 한 사람을 집으로 초청했다. 예술가들에게 독특한 우리의 문화가 존재한다는 것을 알렸고, 그들을 각별하게 예우하여 한국의 인상을 좋게 심었다. 하지만 총감독 격인 오 장관의 고민은 쉽게 해결되지 않았다. 초빙된 음악가들에게 지불할 출연료를 마련할 길이 막막했다.

그가 일본에 나가 있던 조돈준 공보관에게 보낸 편지에서 어려움을 털어 놓았다. 그는 "뒷처리 때문에 마음이 무거워지면서도 이것이 음악이었구나, 예술이란 것이 이렇게도 비싼 것이었구나 하는 새삼스러운 놀라움 속에 매일 저녁을 보내고 있습니다."라고 속내를 말한다.

그리고는 지금까지 미군이 공짜로 들려주던 음악회를 의식한 듯 "남이 가져다주는 것을 허울 좋게 이름만 빌려 주곤 했던 지금까지의 음악회와 우리 돈으로 초청하고 우리 손으로 사례를 내고 하는 이번 일을 지켜보면서 여태껏 우리 음악가들에게 베풀어졌던 정성이 참을 수 없는 천대였다는 것을 미안스럽게 여겨 보기도 합니다."고 말했다.

이후 오 장관은 우리 예술가들에게도 그들의 노력에 부합한 사례비를 지불하기 시작했다.

오 장관은 현재의 프레스 센터 자리에 3층짜리 신문회관을 지었다. 개관식이 정부 당국자와 언론인 및 내외 귀빈들이 다수 참석한 가운데 회관에서 성대히 거행되었다. 이 날 오 장관은 사단법인 한국신문회관 이사장 고재욱 씨에게 회관의 열쇠를 전달했다. 그가 인사말에서 "이 회관을 기꺼운 마음으로 언론인들에게 선사해 드리는 것을 마음으로부터 기쁘게 생각한다."고 말하고 "언론인들이 보다 나은 언론활동을 이루어 나가는 터전이 되고 허다한 문제를 스스로 해결하는 고장이 되는 동시에 스스로의 품격을 높은 자리에 이끌어 올리는 모든 몸가짐을 통해서 국가의 장래와 언론인들의 앞날에 풍성한 결실을 가져올 발판이 되어야 할 것."이라고 말했다.

회관은 재건국민운동본부 맞은편에 있었다. 원래는 자유당 때 서울신문사 건물로 짓다가 그만 두었던 것을 1961년 말부터 1억 환의 예산을 들여 공보부가 공사를 계속했다. 신문회관은 건평 586평에 전시실 로비 도서실 식당 대소회의실 전화실 등의 시설을 갖췄다. 편집인협회 신문윤리위원회 IPI한국위원회 및 PLO 등의 언론단체가 자리 잡아 프레스센터의 역할을 했다. 이 회관은 언론인들의 힘으로 직접 운영되었지만 자체수입으로 자립할 수 없어 상당한 국가보조를 받았다. 일부 언론인들이 이에 반발했다. 국가를 재건하는 일에 언론도 동참하라는 무언의 압력을 느꼈기 때문이다.

전국민 앞에서 펑펑 울었다

오 장관도 인간이었다. 속상하고 화나면 화도 냈어야 하고, 울기도 하고, 기쁘면 소리 내어 웃어야 했다. 그는 그러나 많은 사람에게 멋진 사람으로, 울 줄 모르는 사람으로 기억되고 있을 뿐이었다. 그렇다고 그가 완벽해서, 또는 절대 울 일이 없어서 그랬던 것은 아니었다.

오 장관이 전 국민 앞에서 펑펑 울었다. 1962년 5월 16일자 동아일보 '팔각정'에 실린 '소년의 작문에 장관이 낙루' 라는 기사이다.

15일 상오 서울방송 제1 스튜디오에서 있은 공보부 주최 혁명기념 '문예작품당선자시상식'에서 청운 중학 박홍수 군의 1등 수상작문 '마음의 문을 활짝 열고'의 낭독에서 '세상에 태어나면서 6.25를 만나 얼굴도 보지 못한 아버지가 전사… 홀어머니 품안에서 고생을 하며 어렵게 자란 것이… 5 · 16혁명으로 군원의 도움을 받아 중학에 진학할 수 있어 지금은 씩씩히 자라고 있다…"는 이야기에 사뭇 감동한 오재경 공보부장관.

낭독이 한창일 때부터 앉아있으면서 연상 손수건으로 눈물을 닦으며 주위 사람들이 들릴 정도로 흐느끼기 시작하더니…순서가 장관 치사에 이르자 마이크 앞에 서서 그만 울음을 터뜨리고야 말았다.

목메인 음성으로 6.25 당시 미국에 있다가 민족과 더불어 살기 위하여 8월15일 김해 비행장에 도착, 부산에서 살던 일, 아버지가 납치되어 간 일, 요즘 동아일보에 연재되는 '죽음의 세월'에서 먹지 못하고 끌려가던 납북인사들의 실정 등 10여 년 전을 회상하며 몇 번이나 하던 말을 잊지 못하고 손수건이 연상 얼굴로 갔다.

"때 묻은 이 사람이 혁명대열에 뒤지지 않기 위하여 힘을 다하련다"는 말에 힘을 준 오 장관은 '고생이 즐거움'이라는 생활철학을 털어 놓기까지 하였다.(이하 생략)

오 장관의 한 친지는 "그 기사를 보는 순간 내 눈시울도 뜨거워졌다. '남의 서름(註 설움)이 제 서름'이란 말이 있다. 오 장관도 박 군의 하소연에 자신의 서름이 북받쳤을 것이다."라며 "나를 알아주지 못하는 애달픈 심정과 울분"이 있었을 것이라고 썼다.

오 장관이 말할 수 없는 아픔을 간직하고 있다는 것을 친지는 알았다. 그 친지는 그 글에다 오 장관이 답답한 마음을 울음으로써 날려 버렸으면 하는 바람을 담고 있었다.

이 무렵 오 장관이 납북된 아버지의 소식을 신문에서 들었다. 그를 시샘하는 일부 인사들이 그의 부친 행각을 놓고 납북이다, 월북이다 등등 왈가왈부 하던 때였다. 오 장관은 6.25 때 죽기를 각오하고 조국으로 돌아온 자기를 두고, 아버지와 엮어 험담하는 사람들의 말을 흘려보낼 수만은 없던 순간에 그 의혹을 신문이 밝혀 해결했다. 납북 이후 소식을 모르던 아버지의 근황을 들은 것은 다행이었으나 기사로 확인한 납북된 아버지의 행적이 평생 그를 힘들게 했다.

1962년 5월11일 동아일보에 연재중이던 '죽음의 세월'의 오택관 목사에 관한 대목이다.

"과거 같이 입법의원을 지낸 윤기섭이 오택관을 포섭하러 왔다. 이 때 몸집이 거대한 오택관은 '서로 인간적 정리는 느끼지만 당신이나 나나 같은 신세가 아니오. 특히 당신이 날더러 협조 운운하니 참을 수 없이 마음이 아프구려. 당신 본의 아닌 그런 교섭일랑 아예 말아 주오' 눈물로 꾸짖었다. 본래 성품이 온순한 윤기섭은 낯을 붉히며 그대로 돌아갔다. 그는 돌아가서 조통간부에게 보고할 때 혹시 오택관에게 화가 미칠까 염려하여 좀 더 기다리면 포섭이 될 거라고 감싸서 말하였다."

기사는 또 1954년에 들어서도 이들 인사가 전혀 협조할 기세를 보이지 않자 처벌하기로 결정했다. 그리고는 앞으로의 종교계에 미칠 영향 등을 고려하여 다시 한 번 포섭을 시도했다. "포섭 방법으로는 각자를 분산시켜 조통에서 파견한 감시원 겸 식모를 두어 살림을 시키자는 것이었다. 오택관, 송치용은 동평양 장춘동 임시가옥으로 옮기게 하고 나머지 인사들은 서평양 곤오골 민가에 각각 기거하게 하였다. 물론 각자마다 조통에서 파견한 독신 여자 1명이 배치된 것은 물론이다. 그러나 이들 종교인들은 그녀들을 거들떠 보지도 않고 매일같이 기도만 올렸다."고 상황을 기록했다.

동아일보는 1958년 2월 북한이 비밀리에 착공했던 강제노동수용소 건물공사가 완료되었으며, 평양에 남아있던 종교계 납치 인사들을 수용소에 수용하기 시작했다고 보도했다. 기사는 3월 말쯤 경비대가 비밀리에 찾아 와 오택관, 송치용, 박상건, 남궁혁 등을 차에 태워 서평양역으로 나갔다면서 오택관 등은 양강도 자성 벌목사업소 강제노동수용소에 수용되었다고 전했다.

신문은 "오택관은 수용소안에서 결혼식이 있을 때마다 주례를 섰다."고 근황을 알렸다. '죽음의 세월'은 오 목사를 비롯하여 남궁혁, 박상건, 장덕로, 이건, 박현명, 김유연 등 납치되어간 종교계 인사들이 전향을 거부하고 발진티푸스 등 병고와 굶주림에 시달리다가 끝내 위대한 순교의 길을 걸었다고 생생하게 보도했다.

오 장관의 아버지에 대한 기억은 여기서 멈췄다. 발진티푸스로 모두 쇠약해져 이동조차 어려웠다는 것, 거구의 아버지가 남의 등에 업혀 이동했다는 것 등등을 생각할 때마다 가슴을 저미는듯 아파했다.

그는 생사를 모르는 아버지에게 안부를 묻는 눈물의 편지를 여러 번 썼다. 사무침을 감당할 수 없어 썼으나 붙이지 못한 편지이다. 수신인 주소가 없는 편지가 우리 가슴을 아리게 한다.

오 장관은 "아버님 어떻게 되셨는지 알고 싶습니다."며 울고 싶은 마음을 담은 글을 아버지 가묘에 세운 바위에 새겼다. 애절한 마음을 담아 바위에 새긴 글은 천년을 가도 변하지 않을 것이다.

한 언론인을 보호하라

방우영 조선일보 상임고문은 2014년 12월 11일 죽포회 모임에서 죽포의 대언론관을 이야기했다.

"5.16 혁명 이후 오 선생께서 공보부 장관으로 발탁이 됐지요. 그래서 참 아주 다행스럽게 생각했습니다. 그런데 한 번 저를 만나서는 군사정권에서 신문사의 부정부패한 사람들을 골라가지고 무슨 처벌할 안을 만들고 있다면서 하지 않아야 될 일이라고 고민하고 계셨어요."

언론의 자유라는 숭고한 가치를 지켜야겠다는 그의 생각 편린을 볼 수 있는 발언이다.

오 장관이 말하는 언론인 숙정 내용의 하이라이트를 들여다보자. 그는 훗 날 군사정부에 사표를 내고 떠난 이유가 47명의 부패언론인을 자르라는 것을 따를 수 없어서였다고 밝혔다.

오 장관이 반대하자 군사정부는 그럼 한국일보 전 사주 장기영 씨만이라도 숙정하겠다는 뜻을 강하게 나타냈다. 군사정부관계자들이 숙정인물의 대표로 장 씨를 언론계에서 축출할 인사로 지목했던 것이다. 오 장관은 그러나 초지일관 요지부동이었다.

오 장관은 "천둥소리처럼 울려퍼지는 음성을 가진 사나이라고 표현하면 지나칠지 모르겠으나 나에게는 그러한 느낌을 안겨주는 백상 장기영 씨"라며 "그 분이 조선일보를 맡았을 때에 함께 일하자고 한 일이 있었고, 그 후 한국일보를 시작했을 때도 함께 하자고 했었다."고 한국일보와 관련된 이야기를 털어 놓았다.

오 장관이 이런 관계 때문에 언론인 숙정을 거부한 것은 아니었다. 그는 언론의 자유가 지켜져야만 모든 국가가 갈망하는 진정한 민주주의가 이룩된다고 믿었기 때문이다. 그의 이같은 신념은 '평화와 자유'라는 깊은 기독교 신앙에 뿌리를 두고 있다.

그가 백상기념사업회가 펴낸 '속 백인백상'에 쓴 장기영 씨에 대한 글의 일부다.

1961년에 뜻하지 않게 공보부에 들어가서 일하게 된 지 몇 달 후의 일이다. 소위 부패언론인을 숙청하라는 지시가 내려 왔는데 40여명 가운데 그분도 끼어 있었다. 부정부패를 뿌리 채 뽑아버릴 뜻이 정부에 있다면 그것을 남에게서 찾을 것이 아니라 나 스스로에게서 찾는 의식개혁을 앞세우지 않는 한 불가능한 일이라고 주장하는 나에게 그분 한 사람만이라도 해야겠다고 말해 왔다. 그렇게 할 수 없다는 나의 주장을 나는 굽히지 않았다.

장기영 씨는 내가 무척 좋아 하는 사람 중의 하나다. 그 무엇이나 당신이 직접 확인하지 않고는 못견디는 그런 성품 때문에 더욱 그분을 좋아하는지도 모른다.

그분을 거목이라고 부르고 싶고 위대하다고 평하고 싶다. 그리고 서민다운 평범함을 보여주는 그분이기에 오늘도 나의 생각

속에 크게 자리를 차지하고 있는 것이다.

지구는 만원이라 하는데도 텅 비어 있는 것처럼 느껴지는 이유는 그러한 사람들이 보이지 않기 때문인 것 같다. 그분의 한복 차림에 마후라를 두르고 모자를 쓴 그 모습이 잊혀지지 않는다.

이 책의 편집진이 오 장관을 장기영 사장과 가깝게 지낸 인물로 선정한 것이다. 이 상황에서 사람들이 장 사장에 대해 오해할 소지가 있는 글을 쓴 것도 그가 언론인의 자유를 고집한 것과 맥을 같이 한다.

군인들은 5.16직후 사회 전반에 만연한 부정과 비리를 척결하겠다는 의지가 정말 강했다. 군사정부의 목표이기도 했다. 어느 한 분야라도 예외를 두어서는 안 된다는 의견이 군사정부 내에서 느껴졌다.

그들이 생각하기에 언론과 법조계가 가장 어려운 대상이었다. 하지만 반드시 해내야하는 일이었다. 지금과 비교하면 어떨지 가늠할 수 없겠지만 그들은 이들로 인해 국가기강과 정의가 흔들린다고 생각하기에 족했다.

국가재건최고위원회는 법조계에도 공개적으로 불만을 표시했다. 최고회의는 지시각서 제5호를 대법원장과 검찰총장을 포함한 모든 법관과 검찰관에게 보내 공개 경고했다.

"일부 법관은 아직도 새로운 세계관의 확립 없이 돈과 술에 팔리고 정실과 야합하는 등 구질서와 타협했다."면서 "일부 몰지각한 법관들은 중대한 국가적 사회적 법익을 침해한 불순분자는 방면하고 힘없어 권리 위에 땅을 치고 우는 약자에 대해서는 무고한 벌을 과하고도 하등의 양심의 가책도 없이 마치 법은 자기를 위하여 존재하는 도구로 착각하고 국민의 정당한 비판에 대하여는 언필칭 사법권의 독립을 내세우고 있다."고 비판했다.

이런 가운데 나중에 알려진 일이지만 어느 특정 언론인이 숙정대상 명단을 추려주었다고 했다. 몇 달 뒤에 다시 명단이 내려왔다. 오 장관은 응하지 않았다. 군부는 임명된 지 1년도 되지 않아 그를 경질했다.

토마스 제퍼슨은 '언론없는 정부보다 정부없는 언론을 택하겠다'는 널리 회자되는 말을 남겼다. 오 장관도 같은 심정이었을 것이다. 언론의 자유는 반드시 지켜져야하는 소중한 것이라고 생각했다. 그랬기에 언론을 힘으로 억압하려던 정부에서 스스로 떠날 수 있었다.

그는 모든 것을 털고 다시 자유인으로 돌아갔다. 그가 스스로 정화할 수 있기를 바랐던 언론계와 법조계는 그 뒤로도 크게 달라지지 않았다.

6 언론도 스스로 책임져야

오재경은 '하나의 시대를 사는 우리'라는 글에서 "경향신문을 폐간시키기 위해 국가보안법을 개악하는 데 앞장섰던 사람이 그 뒤에 어느 신문 사장이 되어서 오래 그 자리에 있었다."며 진실과 세월을 믿지 못하게 만든 사람들을 거론했다.

또 어느 글에서는 "(자유)당의 강경파로 앞장섰던 아무개는 그 어느 신문 때문에 정부가 제대로 정부 노릇을 할 수 없다 하여 그 신문의 문을 닫게 했다. 강경파로 앞장섰던 그 한사람이 오늘도 살아남아 있다. 그가 올바른 인간이라면 스스로가 그 엄청난 잘못을 참회하는 글이라도 써서 그러한 잘못이 되풀이되지 않는 이 땅 되도록 해주었으면 하는 마음이다."이라고 공개 사과를 유도했다.

동양방송(TBC) 사장 제의를 고사하다

오재경이 다시 해외여행을 떠났다. 세계를 돌아보는 긴 여정이었다. 여행을 마치고 귀국길에 도쿄에 들렀다. 공항에 이병철 삼성그룹 회장이 나왔다.

이 회장이 공항으로 직접 사람을 마중 간 것은 파격적인 예우라고 한다. 동경 시내로 함께 들어갔다. 호텔에서 마주 앉은 이 회장이 오재경에게 제의를 한다. "함께 언론을 해 봅시다"라고.

이어 이 회장이 "방송은 오 재경, 신문은 홍진기 전 내무무 장관"이라는 말을 꺼내자 그가 난색을 보였다. 그리고 정중하게 사양했다.

오재경은 이와 관련, '죽포칠십이자술'(竹浦七十而自述)에서 "마음으로는 나는 그분을 오래전부터 가깝게 모시고 있었습니다. 하지만 신문(註 처음으로 거론 된 것은 신문이었음)이 목적이라면 맡았겠는데 그분에게는 신문이 수단이었기에 그분의 청을 거절했습니다."고 고사한 이유를 밝혔다.

그는 한 방송사 인터뷰에서 사장을 맡지 않은 이유를 설명한 뒤 진행자가 "그런데 요즘 언론인들의 사명이 달라진 것이 아니냐"는 질문에 "많은 사람들이 옳다고 생각하면서도 그걸 표현했다가는 겪어야 할 여러가지 어려움이 두려워 참고 지내다보니 그만 그러한 모습으로 굳어지고 말게 된 것이겠지요. 곧 옳은 것과 그른 것을 분간하기 힘든 삶이 되어 버린 것이지요"라고 대답했다.

1983년 9월, 오재경은 중앙일보 사우지에 '독자들의 기대를 생각하는 기자'란 글을 썼다. 그가 기자들을 대상으로 하는 사우회보에 글을 쓴다는 것이 쉽지 않았을 것이다. 더군다나 경쟁지 동아일보의 사장을 맡고 있으면서.

그는 글에서 평소에 하고 싶은 말을 거침없이 다했다. 자기 회사 기자들에게도 하기 어려운 말을 털어 놓았다. 기자보다는 경영진에게 하는 고언처럼도 들린다. 그가 가지고 있던 중앙일보에 대한 생각이 드러난다.

그가 도쿄로 오기 전에 하와이에 들렀다. 이승만 전 대통령을 찾아 갔다. 병상의 이 대통령을 보고는 회한에 잠겼다. 이 대통령이 들려준 말을 떠 올렸다.

이 대통령이 경무대에서 오 공보실장에게 "지금 나를 반대하는 사람들이 다 내 아래서 일하던 사람들인데 다른 생각을 하는 것을 보니 나는 이 자리에 적합한 인물이 못 돼."라고 말했다. 왜 같이 일할 때 말 못하고 나가서 딴 소리하느냐는 뜻으로 오재경은 받아들였다.

그는 이 대통령이 모든 일을 국민편에서 챙겼다고 기억했다.

심지어는 공무원들에게 비민주적인 방법으로 의연금을 걷는 것조차도 반대했다. 일하기 쉽도록 공무원들에게서 일정한 비율로 의연금을 갹출하겠다고 제안하자 이 대통령이 말렸다.

"그것은 민주적인 방법이 못 돼. 그렇게 하면 돈을 많이 낼 수 있는 사람은 그만큼 안내게 되고 못 낼 사람들에게는 분에 넘치는 과중한 부담만 시키게 되니, 누구나가 자기 형편대로 성의껏 낼 수 있도록 일을 해야 합니다."

늘 국민을 생각한 이 대통령에 대해 잘못 알려져 있는 것이 가슴 아팠다. 오재경은 이 대통령이 이렇게 국민을 사랑했음에도 불구하고 비극적인 결과가 도래했으니 그 분 아래에 있던 사람들이 옳게 보필 못한 데 큰 책임이 있다며 나도 그런 사람 중의 하나라고 말했다.

오재경은 그의 저서 '평범을 비범으로'에서 "이 대통령을 가까이 모셨던 일로 보람과 곤욕을 아울러 겪었지만 그런 일들이 나를 성장시켰다."면서 긍정적으로 받아들였다. 매사를 긍정적으로 생각하고 이루려는 오재경의 삶이 이 과정에서 굳어졌다고 밝혔다.

오재경은 떠나오면서 가졌던 모든 돈을 봉투에 넣어 드렸다. 나중에 밝혀지기는 했지만 가서 보니 거액의 외화 반출을 의심했던 당시의 언론과는 정반대의 상황이었다. 푼돈이 아쉬운 상황을 보고는 주머니를 탈탈 털었던 것이다.

공기업 경영의 모범을 보이다

오재경은 귀국하여 잠시 공산권에 대한 기독교 선교를 하는 극동방송국의 이사장을 맡았다.

정부는 곧이어 1964년 1월 그를 국제관광공사(현재 한국관광공사) 총재로 임명했다. 정부는 동시에 교통부 교통국에서 관장하던 반도조선호텔을 국제관광공사로 넘겼다. 적자투성이의 국제관광공사를 살리기 위한 방안이었다.

오 총재는 여기서도 타고난 그의 능력을 발휘했다. 그는 우선 적자투성이인 국제관광공사의 수익상태를 6개월 만에 흑자로 반전시켰다.

오 총재는 "돈을 쓰는 문제보다도 돈을 버는 문제에 대해서 더욱 더 생각했다. 그래서 종전의 총재실로 써 오던 반도 호텔 내의 두 방을 손님에게 내 주어 보증금을 받고 월세를 받으니 그 두 방에서 보증금 60만원에 월세 7만원을 벌어들일 수가 있었다. 총재 전용 대형 승용차를 조선 호텔에 내 주어 호텔 손님에게 이용토록 하여 월 10만 원 가량 수익을 올렸다. 이러한 식으로 벌어들일 수 있는 일을 구석구석 찾아서 실제적인 벌이에 나섰다."고 밝혔다.

이어 예산도, 경험도 전무한 상태에서 국내 최초로 반도조선 아케이드 공사를 시작했다. 국제관광공사 직영 대한여행사 여행과장이었던 공태환 씨가 반도조선 아케이드의 건설을 도맡아 했다. 그는 재단법인 대한여행사에 입사했는데 국제관광공사가 대한여행사를 인수하는 바람에 국제관광공사 직원이 됐다.

그의 말을 들어 보자. "하루는 구내식당에서 점심식사를 마치고 팔각정 뒤뜰에서 잠시 쉬고 있었는데 오재경 총재가 그 주변을 살피시다가 나를 보더니 '미스터 공, 여기다 뭘 지었으면 좋겠어?'하고 물으시더군요. 어떻게 내 이름을 기억하고 있을까. 놀랍게 느끼면서 '평당 30만 원 이상의 귀중한 땅을 놀리는 게 아깝습니다.'고 했더니 '그렇지, 아케이드를 지으면 어떻겠어?' 하고 내 의견을 묻는데 아케이드가 무엇인지 알 수가 있어야지요."라며 반도조선아케이드가 거론되던 첫 날을 기억했다.

공 씨의 이야기가 계속 된다. "오 총재께서 저에게 '나를 따라와' 하시더니 반도호텔 옆에 벽돌로 지은 수위실로 데려가 '오늘부터 여기서 근무해' 하셨다. 반도 호텔 영업지배인을 불러 '시설과에 얘기해서 아케이드 건설 준비위원회라는 간판을 써 붙이게 하고 책상과 전화기를 갖다 놓으라' 지시하시더군요. 예산 한 푼도 없고 사람도 나 밖에는 아무도 없었어요. 오 총재를 찾아가 앞으로 교통부 승인도 받아야 하고 각 부서의 필요한 지원도 받아야 하는데 정식 직책도 없는 하급직원이 이래라 저래라 할 수도 없어 일하기가 어렵다고 했더니 그 자리에서 백지 10장에다가 사인을 해주면서 "필요한 사항이 있으면 여기에 적어 총재지시라고 해."라고 하시더군요.

백지사인이었다. 공 씨는 이를 이용해 필요한 모든 것을 우선적으로 지원받아 공사를 마무리 했다. 오 총재는 반도조선아케이드가 탄생하기까지 오랜 계획을 가지고 있었다. 아케이드가 완성되고 나서 그는 "젊었을 때 나의 꿈을 이룬 것이다."라고 밝혔다.

'한국관광공사 50년사'는 반도조선아케이드 사업이 크게 성공을 거두었다고 기록했다.

오 총재는 이어 한국관광협회장도 겸직했다. 총재에 임명된 뒤 호주 시드니에서 열린 태평양지역관광협회(PATA) 총회에서 차기 총회의장으로 선출됐다.

이에 따라 차기 대회 준비가 시작됐고, 다음해 서울에서 제14차 PATA총회가 열렸다. 오 총재는 국내외 대표 459명이 참가한, 당시로서는 국내에서 개최된 최대의 국제회의를 주재했다.

PATA총회에 참석한 각국 대표 부인들은 반도조선아케이드를 구경했다. 부인들이 한국 문화의 진면모를 보았다고 입을 모았다. 이후 외국 정상 부인들도 서울에 오면 이곳을 거쳐 갈 정도로 명소가 되었다.

PATA총회 성공을 계기로 국내 관광 인프라를 확충하는 전기가 마련됐다. 정부는 국제항공노선 증설과 공항시설 개선, 도시미화 및 도로 정비 등에 투자하기 시작했다.

그리고 자신감을 얻은 정부와 민간인들 사이에서는 국제회의를 유치하자는 의견들이 나오기 시작했다.

이승만 대통령을 떠나 보내다

PATA총회 이후 오재경이 또 다시 야인으로 돌아갔다. 그가 YMCA이사를 맡았다. 그리고는 미국무성 초청으로 미국 언론계 시찰길에 올랐다. 오 재경은 이번에도 하와이로 날아가 이승만 전 대통령을 찾았다. 프란체스카 여사를 만나 이 대통령이 위독하다는 말을 들었다. 이 대통령은 만날 수 없었다. 그 다음 날인 1965년 7월 20일 이 대통령이 서거했다는 슬픈 소식을 들었다.

그가 여러가지 생각에 잠겼다. 이 대통령이 "우리는 일본 사람들이 우리 땅에 발을 못 붙이게 해야 해. 적어도 20년은 그렇게 해야 해."라고 수차 이야기했고 그것을 오재경이 글로 옮겼다. 그 이유로 "일본 사람 없이는 못 사는 것으로 아는 사람들이 없어지기 위해서야."라던 대사가 생각났다.

이 대통령은 일본인들보다도 일본을 위해 더 설쳐대던 우리나라 사람들이 미웠다. 수많은 골수 친일파들이 호가호위하던 것을 우려했다.

자기 하나 이익을 위해서, 국가의 모든 것을 송두리째 넘겨주던 사람들이 얼마나 미웠으면 그 노인께서 이런 말을 하실까 생각할 때마다 오재경은 망했던 조선을 생각했다. 그리고 대통령의 뜻을 확실하게 알게 됐다.

오재경은 나라를 걱정하던 노 대통령의 말에서 애국이라는 실체를 찾았다. 흔히 이 대통령을 배일(排日) 즉 일본을 싫어하는 사람으로 말한다. 미국 외교관들은 이 대통령의 일본 정책 때문에 어려움을 많이 겪었다고들 말한다. 오재경이 본 이 대통령은 미국의 일본에 대한 정책을 소신대로 솔직하게 비평하고는 했다. 당시 미국은 한국에 경제 원조를 할 때면 일본도 고려 대상에 포함시켰다. 미국이 일본도 살아야 하지 않겠느냐고 하면 이 대통령은 "일본더러 살지 말라고 누가 이야기했고, 또 누가 그들 보고 죽으라고 했느냐."며 "우리가 살아야겠다고 요구한 것뿐."이라고 의견을 다 이야기했다. 이 대통령의 논리가 정연한 말에 외교관들이 혀를 내둘렀다. 목숨을 걸고 나라를 위해 일 해보지 않은 사람들이 아니면 나올 수 없는 용기요 배짱이었다. 젊은 오재경은 이 대통령의 외교에 감탄했다.

이 대통령은 미국 외교관에게 "누가 우리의 벗이며 누가 자유를 위하여 싸웠는가?"를 묻고는 했다. 일본이 미국의 적이었으며, 미국에게 총구를 겨눈 나라가 아니었느냐는 것을 둘러서 이야기 하는 통에 할 말을 잊게 만들었다. 미국이 동양 사람들의 역사와 형편을 알아서 해야지 미국의 편의주의만으로 외교를 펼쳐서는 안 된다는 것이다.

이 대통령은 독립운동으로 고문을 받았고, 모진 옥살이를 했지만 그런 일을 한 번도 이야기 하지 않았다. 오재경은 이 대통령이 일본에 대하여 갖고 있던 생각은 개인적인 원한이나 미움이 아니라 국가적인 것임을 몸으로 보여주었다고 말했다.

이 대통령은 외국 기자들로부터 한국과 일본에 대한 질문을 받으면 먼저 배일주의자라는 말 대신에 '땅을 도둑질 하였다가 도로 돌려만 주면 그것이 선한 일이 될 수 없고, 자기 희생을 해 가며 우정을 보여줘야 할 것이 아닌가'고 반문했다.

오재경은 이 대통령의 반공관에도 경의를 표할만큼 강한 인상을 받았다. 이 대통령이 주창하여 이루어진 아시아 반공기구는 성공적이었고 이를 대체할 기구로 '아시아인의 아시아 기구'를 구상했다. 반공의 목적은 집단안전보장을 위한 것이며, 모든 국가가 자결주의로 나가야 한다는 것이었다. 또 대소국가를 막론하고 하나가 되어 반식민주의 아시아, 아시아 사람의 아시아를 창건하자고 주장했다.

자유세계의 공동의 적을 무찔러 나가기 위해서는 대소국가의 구별이 필요 없으며, 전 인류를 위해 공헌할 목적으로 하는 데는 반드시 강대국이 지도적 입장에서 이끌어 갈 필요가 없다는 것이다. 아시아 사람의 아시아를 실현하려는 것은 새롭고 굳건한 아시아주의를 의미했다. 이 대통령이 말년에 가졌던 아시아 외교 구상이었다. 참 본받을 만한 일이었다.

이 대통령 사후 오재경은 대통령을 모시려던 구상을 실천하지 못해 많이 안타까와 했다. 그런 마음을 전하기라도 하듯 매년 정월 초이튿날은 이화장으로 프란체스카 여사를 찾아가 세배를 했다. 오재경은 이 대통령을 "나의 젊음을 불사르게 해준 분"이라면서 프란체스카 여사를 대통령 모시듯 정성을 다해 모셨다.

오재경은 이 대통령이 답답하고 어려울 때 찾던 공보실장이었는데 대통령을 끝까지 모시지 못하고, 쓸쓸히 하와이에서 숨지게 한 것을 자기의 잘못인 양 여러차례 뒤돌아 보곤 했다.

그가 하던 회한 중의 하나였다.

서울 로타리클럽을 이끌며

오재경이 서울 로타리와 첫 인연을 맺은 것은 앞에서 밝힌 것처럼 USO 한국 재단을 만들 때였다. 로타리의 봉사 활동과 USO 한국 재단의 봉사 활동을 하나로 묶는데 그가 징검다리가 되었다.

당시 회원은 아니었지만 로타리의 봉사 정신이 그의 생각과 같았다. 그는 혼란이 극에 달했던 1960년 서울 로타리에 발을 들여 놓았다. 오재경이 서울 로타리 클럽에 가입한지 6년 만인 1966년에 회장이 됐다. 앞으로 국제 로타리 이사로 발돋움하는 첫 관문을 넘었다.

그리고 한국지역사회학교 운동을 시작하기로 몇 사람과 뜻을 모았다. 급변하는 세계정세와 우리나라의 사회변화를 따라가도록 하기 위해 국민 모두에게 평생교육을 받게 하려는 운동이었다.

학교 교육만으로는 평생 동안 보람 있는 삶을 이어가기가 어려워 지역에 있는 학교를 이용하여 교육한다는 것이다.

지금이야 평생교육이란 개념이 일반인에게도 널리 알려졌지만 당시는 무슨 평생 교육이냐고 반문하던 시기였다. 오재경이 이일에도 팔을 걷고 나섰다. 우선은 평생교육이란 뜻을 알리고 참여하는 학교를 확보하는 것이 급선무였다. 방방곡곡을 찾아가며 지역사회학교 세미나를 열었다. '유랑극단'이라고 부르며 지역마다 찾아간 효과가 있었다. 그는 그 때마다 강의면 강의, 세미나면 세미나에 맞게 좌석배치, 교육기자재 준비 등을 손수 준비하고 마련했다. 열정적이었다.

다음해 1월 한국지역사회학교 후원회 창립총회가 열렸다. 그가 회장으로 선출됐다. 아직도 성숙하지 못한 시민의식으로 인해 우리 사회에서는 여기저기에서 갈등을 겪고 있었다. 오 회장은 그 문제를 해결하는 방법을 교육에서 찾고자 했다. 특히 스스로 참여하는 자세가 중요함을 강조했다.

"어린이를 옳게 교육시키기 위해 그들의 부모 되는 주민 누구나가 평생을 두고 공부하며 살아야 하는 것이다. 어린이들을 건강한 민주시민으로 키우기 위해 지역주민 모두가 참여해야 하는 것이고, 학교가 지역주민의 생활의 중심이 되어서 민주주의를 생활하는 체험을 더욱 실감하기 위해 우리는 지역사회학교운동을 펴왔다."

오 회장이 이끄는 이 운동에 고인이 된 정주영 전 현대그룹회장도 참여했다. 정 회장은 모임에 참가해 "어려운 경제 난국을 풀어가는 길은 국민 모두가 주인 노릇을 옳게 하는 것"이라고 이야기했다. 정 회장은 아래에서부터 시작된 창조하는 뭉친 힘이 크게 되도록 하는 것이 정부의 역할이라며, 당시나 지금도 마찬가지인 하향식에 익숙한 시민의식을 하루 빨리 개혁해야한다고 강조했다.

오 회장은 철저한 반성과 자기 성찰을 통해 평화로운 세상 만들기를 원했다. 남과 북으로 갈려 휴전이라는 더 무서운 전쟁상태를 사는 우리들의 살벌한 마음을 평화롭게 가꾸기를 바랐다.

오 회장은 일본의 한 지방자치단체에서 채택한 평생교육을 위한 선언과 같이 우리 땅에서도 지역사회 학교활동이 원활하게 이루어지길 기원했다.

1970년 영친왕께서 세상을 뜨셨다는 소식을 접한 오 회장은 착잡한 심정을 달래기 어려웠다. 그가 남긴 '비운의 황태자 영친왕'이다.

비운의 황태자 영친왕도 결국 가시고야 말았습니다. 지금으로부터 10여 년 전 어느 날 김을한 씨의 안내를 받아 동경 어느 골목에 자리한 병원에 영친왕을 문병한 일이 있습니다.

아무도 없는 조그마한 입원실에서 멍하게 천정만 쳐다보는 그를 문병한 나는 나의 착잡한 마음을 달랠 길이 없었습니다. 비운의 사나이, 말없이 누워만 있는 그분은 인간의 모든 조건을 포기한지 오래된 것 같았습니다. 살아 있는 것 같으나 실상은 죽은 사람이었습니다. 그 사람은 그의 평생을 그렇게 지냈는지 모릅니다.

속사람과 거죽사람을 합치시키지 못하고 그의 한 번밖에 없는 생을 그렇게 보내야만 했던 운명의 소유자였나 봅니다.

나는 그분을 통해 빛을 잃어 어둠에 살던 그 때의 우리의 모습을 생각했고 그리고 다시 생각하며 지냈습니다.

왜 우리는, 그리고 우리나라는 제구실도 못하고 지냈어야만 했는가 하는 어두운 생각에 잠기게 되는 것입니다.

자기 몸을 자기 스스로 가누지 못하는 그러한 삶이란 참을 수 없는 것입니다. 더구나 한 나라가 나라 구실을 못해 마침내 다른 나라 손아귀 속에서 놀아나게 된 사실, 그 결과는 잊을 수 없는 것이고 영친왕 그 분의 생활을 통해 더욱 뼈저리게 느끼게 되는 것입니다.

물이 귀할 때 물을 소중히 여기고 고마워하는 생각이 나게 마련인데 막상 물이 생기면 고마움을 잊어버리는 그러한 습성이 나라에 대해서도 같은 것이 아닌가 생각할 때에는 한심할 따름입니다.

또 다시 그러한 종으로 묶인 생활, 어둠의 생활을 우리는 되풀이 할 수 없습니다. 그러기 위해서 반항 아닌 뚜렷한 주장을 생활하는 우리 모두가 되어야 하겠습니다. 이 나라는 내가 만들었다는 뚜렷함을 생활화해야 합니다. 정부가 나라가 아니라 국민이 나라라는 생각을 말입니다.

나를 외면해서 살 수 없습니다. 소외된 인간됨을 나를 통해서 발견하지 않는 그러한 생산적인 인간을 나의 생활 속에 기대해야 마땅합니다. 그래야 비로소 산 생활을 빛 가운데 이루어 나갈 수 있는 것이라 하겠습니다. 우리 누구나가 다시는 비운의 사나이가 되지 않기 위해 새로운 삶을 더욱 새롭게 해야 할 것으로 압니다.

오재경은 윤비의 환궁, 구 황실재산사무총국 사무실 화재, 영친왕이 미국에서 일본으로 다시 돌아오던 일, 그리고 이승만 대통령을 모시려던 구상 등을 떠올렸다. 가슴이 아팠다. 나라 없이 보냈던 학창시절의 고뇌와 번민, 전쟁으로 꺼질 것 같았던 국가의 운명 등이 주마등처럼 스쳐 지나갔다.

CBS 기독교 방송을 구하다

1970년 기독교방송(CBS) 재단 목사 두 분이 찾아와 오재경에게 운영이사장(사장)을 맡아 주길 간청했다. 당시 CBS의 청취율은 고작 2% 대에 머물렀고, 미국 기독교 단체의 원조도 끊겨 그야말로 문을 닫아야 할 형편이었다.

오재경의 말이다. "기독교 방송이라는 이름으로는 영업이 안 된다고 하여 정부에 세기방송(Century Broadcasting System)으로 개명신청까지 한 상태였습니다." 세기방송으로 개명을 생각한 것은 CBS(Christian Broadcasting System)라는 약칭은 그대로 사용할 수 있었기 때문이었다고 한다.

오재경이 가장 싫어하는 편법이었다. 본래의 의도와는 전혀 다른 뜻을 가진 이름으로 CBS라는 발음만을 지키겠다는 것이었다. 그는 그 일이 예수를 팔아 넘기던 제자 같은 파렴치한 일이라고 생각했다.

오재경은 이사장을 수락하는 조건으로 3가지를 요구했다. "첫째, 기독교라는 이름을 그대로 지켜야 하겠다. 기독교는 우리에게 영광을 안겨주는 것이지 그것이 부담이 될 수는 없다. 둘째, 무보수로 일하겠다. 셋째, 재단의 목사님들이 방송국 운영에 간섭하지 말라."

오 이사장이 취임하고 보니 "교회에 뿌리박지 못한 쓰러지기 직전의 방송국이라, 교회로부터도 외면을 당하고 있어서 참으로 힘들었다."고 말했다.

그는 "빈사상태의 기독교방송을 맡아 누더기를 벗어버리고 자랑스러움을 옷 입기 위해 밤낮을 합쳐 수고를 했다. 나는 죽었고 그리스도께서 나를 통해서 산다함을 실증하기 위해 전력을 다했으며, 그래서 기독교방송이 살아남았고, 그 속에서 몸담았던 모든 동지가 살아남은 것이다. 고생 뒤에 즐거움이 오는 것이 아니라 고생이 곧 즐거움 되게 하는 나의 삶은 항상 즐거운 것이었고, 범사에 감사하며 작은 일들을 통해 쉬지 않고 쌓아올리는 수고로 나를 더욱 신바람 나게 한 것이다. 그래서 아무 것도 아닌 그 누구나가 다할 수 있는 쉬운 일 속에 신비로운 삶의 보람을 담은 것이다. 그래서 어제를 계속하는 오늘이 아니라 새로운 오늘을 만들어 내는 것이다. 작은 씨앗 한 알이 좋은 땅에 떨어져서 30배, 60배, 100배의 결실을 더하게 해서 그것이 어제의 내가 아니라 오늘의 새로운 나 됨을 증거할 수 있게 한 것이다."라고 성경을 인용하며 감사했다.

그가 가장 먼저 직원선발을 능력자 위주로 바꿨다. 목사의 추천장이 입사허가서였던 것을 공채제도로 전환했다. 직원 승진에서도 목사들의 입김을 완전히 배제했다. 그가 맡은 자리에서마다 혁신을 했듯, 가장 보수적인 입장이었던 CBS에서도 개혁을 이끌어 갔다. 방송국이 젊어지면서 분위기가 역동적으로 변했다.

기독교 방송을 맡고 얼마 안 되어서의 일이다. 중앙정보부장의 공보비서가 정보부장의 초대장을 가지고 오 이사장을 찾아왔다. 중앙정보부장과 둘이 만나서 이야기가 진행되었고, 중앙정보부장이 도와줄 일이 없느냐고 해 대전에 방송국을 설립해 달라고 했는데 결국은 이루어지지 않았다.

오 이사장은 "나중에 돈으로 나를 회유하려고 했던 것 같은 눈치였다."고 슬쩍 넘어 갔다. 그뿐 아니었다. 중앙정보부 차장과 만나 국가안보에 관한 설전을 벌이기도 했다.

중앙정보부에서 신문사와 방송사의 사장들을 불러다가 이래라저래라 당연하듯 명령을 하던 때였다. 한번은 오 이사장이 말했다. "정보부에서 우리들을 불러다 놓고 이래라저래라 하는 것은 절차상 옳지 않다. 당신들은 당신들 고유의 업무에나 충실해라. 그리고 정부 홍보 목적과 달리 언론 보도에 어떤 문제가 있으면 그것은 당신들이 아닌 문공부에서 우리에게 협의를 요청하는 것이 옳은 것이다."

그 자리에 함께 있던 일민(日民) 김상만 씨가 다음날 만나자고 전화를 했다. 동아일보 사장을 하고 있던 그와 만나 식사를 함께 하며 많은 이야기를 나누었다.

그 이후 정보부원들이 그의 집 앞에서 감시했으며, 심지어는 미행도 했다. 어떤 때는 특정 내용의 방송 금지를 요청한 경우도 있었는데 오 이사장은 결코 이에 응하지 않았다. 오 이사장은 "정부가 그 당시 기독교 방송을 자유당 때 경향신문 보듯 했다."고 털어 놓은 적도 있었다.

지금도 그를 아는 많은 신자들이 그를 기독교 신앙으로 무장된 기사라고 부른다. 그는 기독교 신앙과 정의를 위해서는 죽음도 두려워하지 않았다. 그는 어머니가 살아계실 때 늘 "실족하지 않게 해달라"고 기도하던 것을 생각했다.

서슬이 퍼런 군사정부에 대항하여, 그가 아닌 일반인으로서는 상상도 할 수 없었던 야당과 관련된 유명한 이야기다.

박정희 대통령이 여당의 총재로 방송을 한 며칠 뒤에 조간신문에서 야당인 신민당의 김홍일 당수가 기자회견을 한다는 단신 기사를 보았다. 오 이사장은 즉각 기자회견을 생중계하라고 지시했다. 갑자기 지시된 사항이라 중계차와 방송팀을 꾸리는데 시간이 걸렸다. 예정시간보다 한 시간 늦게 중계방송이 시작됐다.

즉각 반응이 왔다. 방송국에 난리가 났다. 방송을 당장 중단시키라고 외부로부터 압력이 빗발쳤다. 오 이사장은 이와 관련해 "나는 기독교방송의 입장보다도 우리나라에 언론이 살아있다는 것을 보여주는 것이 내가 할 나라 사랑이라고 여겼기 때문에 이를 강행시킨 것이었습니다. 당연한 것이 당연하지 않은 세상에서 굽히지 않고 살아온 것이지요."라고 회고했다.

청와대에서는 별 반응이 없었다. 서로가 서로를 알기에 이심전심으로 통했던 것일까. 그는 "나는 인간 박정희 대통령을 무척 좋아했습니다. 그분도 나를 유별나게 좋아했지요." 같이 일해 본 경험을 가진 사람만이 할 수 있는 말이었다.

위에서는 서로의 의도를 알고 있는 별 것 아닌 것도 아랫사람들이 문제로 삼는 일을 오 이사장은 여러 번 경험했다. 경향신문 폐간이 그렇고, 중앙정보부의 감시 등 모든 일들이 과잉된 것이었다.

이 무렵 경부고속도로 개통식이 열렸다. CBS 이사장으로 이 행사에 참석했던 그가 교통사고를 당했다. 이와 관련해 잠깐 이상한 소문이 돌기도 했었다. 그 때 사고 후유증으로 나이가 들어서는 휠체어를 타야만 했다.

독재에 맞서다

CBS에 대한 직·간접의 압력이 이어졌다. 압력을 행사하는 사람들은 광고를 줄여 CBS를 운영난에 빠뜨리려고 안간힘을 썼다. 툭하면 편성책임자를 불러 상업광고가 30%가 넘었다는 것을 핑계로 압력을 가했고, 그 뒤 서독에서 기증받아 들여오기로 한 대규모 기자재 도입 때는 많은 관세를 내라고 요구했다. CBS 시설을 최신것으로 교체, 양질의 방송을 하겠다던 계획이 결국은 무산이 됐다.

기관의 압력이 거세질수록 기독교 방송의 인기는 상승했다. 오 이사장이 아이디어를 낸 '공개교양강좌', '장군멍군', '오늘을 진단한다' 등이 CBS를 부각시켰다. 특히 목요공개교양강좌는 강압통치로 불만이 폭발직전이었던 대학가에서 화제가 되었다.

당국은 신경을 곤두세웠다. 그는 아랑곳하지 않았다. 당시를 풍미했던 김동길, 노정현, 한완상, 함석헌, 안병욱, 김학수, 이호철, 홍기삼, 진철수 씨 등을 방송에 출연 시켰다.

그 해 10월 유신이 선포 된다. 오 이사장이 때론 혈기왕성한 젊은 기자처럼 마이크를 잡았다. 오 이사장이 직접 칼럼니스트로 나섰다. 대학은 국가의 양심이란 칼럼에서 그는 '예'할 것은 '예'하고 '아니오' 할 것은 '아니오' 해야 한다고 논평했다.

유신체제를 반대하는 첫 시위였던 서울대 데모도, 김대중씨가 일본에서 납치되어온 기사도 CBS만 보도했다. 이런 일로 프로듀서 한 명이 구속되었다. 방송과는 무관했던 사내 예배시간에 했던 발언이 계엄포고령 위반이라는 것이었는데, 실제로는 CBS를 구속하고 싶었을 것이란 오 이사장의 말이 생각난다.

오 이사장은 평소에 관심을 가지고 있었던 소외받는 사람들을 위한 프로그램을 확대했다. 기독교적 사랑을 실천하게 한 것이다. 오 이사장은 "나는 기독교 방송이 소수의 사람들을 위해서 봉사하는 방송이 되도록 힘썼어요. 많은 사람들이 잠자고 있을 때 이들을 위해서 수고하고 있는 사람들, 그리고 눌리고 있는 사람들을 해방시키기 위한 방송을 하려고 노력했습니다."라고 밝혔다.

그래서 CBS는 새벽 4시에 시작하여 다음날 새벽 2시까지 22시간 방송을 했다. "새벽 4시에 일어나 일터에 나가는 사람들, 우리가 잠잘 때 우리의 안전을 위해 밤새워 수고하는 사람들을 위한 것이었다."

현재 국가적 과제로 떠오른 노인문제를 오 이사장은 그 때부터 걱정했다. '할머니 할아버지 안녕하세요?' '꿈과 음악 사이' 등이 대표적 노인 프로그램이다. 이 프로그램이 방송되자 엄청난 파장이 일었다. 산업화가 진행되면서 소외되어 가던 노인들이 가정에서 라디오를 차지하기 시작했다.

농업위주의 산업시대에는 한 몫을 할 수 있었던 노인들이 산업화가 시작되자 의지할 곳 없는 신세로 전락했다. 자녀들은 모두 산업현장으로 나갔고, 집안에서 홀로 집을 지켜야만 했다. 이들을 위무하고, 위로 한 것이 바로 이들 프로그램이었다. 오 이사장이 복지분야에서 근무했던 경험을 방송에 접목시켜 성공한 경우였다. 오 이사장은 이처럼 모든 것을 종합적으로 파악했다. 그리고 뜻을 세운대로 실천했다.

유재천 전 한국방송공사 이사장은 "유신치하에서는 NCC(한국기독교교회협의회)중심의 인권운동이 본격화됨으로써 기독교 세력과 정부는 갈등관계에 있었다. 당시 기독교방송은 이러한 인권운동을 반영함으로써 그 논조는 꽤 비판적이었다. 정부로서는 CBS가 선교방송만 했으면 좋겠는데…. 비판적인 보도활동을 하는 것이 못 마땅하여 눈에 가시처럼 여겼던 것 같다. 특히 공개교양강좌는 민중을 자각시키는 역할을 수행하면서 지식인을 발굴, 규합하는 광장의 구실을 담당했다고 본다. CBS는 다른 어느 방송보다 기독교방송을 들어야 한다는 말이 나올 정도로 정곡을 찔렀다. 1954년 최초의 민간방송으로 출범한 CBS가 상업주의에 치우치지 않았다는 점은 방송사상 획기적인 위치를 점한다고 지적하지 않을 수 없다."고 평가했다.

유 전 이사장의 말은 CBS가 최초의 민간 방송이었지만 어느 방송보다 더 공영방송에 가깝다는 뜻이었다.

오 이사장은 CBS 방송에 대한 각 교단의 알력과 다툼을 우려하며 CBS 이사장 직을 스스로 버렸다.

조병해 전 CBS 상무의 회고담이다.

"오 박사는 단임기 4년으로 CBS를 떠났다. 교단정치를 싫어했기 때문이었다. 1974년 초 CBS 재단이사회는 그분이 1978년 3월말까지 연임할 수 있도록 결의하였다. 그러나 절차상 NCC 운영위원회 실행위원회의 준비과정에서 5:5로 결의가 지연되었다. 교회정치에 비판적이었던 그분의 성격이 이를 참을 리 없었다. 자진하여 사퇴서를 제출하고 당시 재단이사장이던 한경직 목사와 함께 CBS를 훌훌 떠나고 말았다."

그는 CBS의 이사장직을 수행하는 동안에 1973년 6월 내한한 빌리 그래함 목사의 한국 전도대회의 총무를 맡았다. 이 행사에서도 오 이사장의 치밀하고 자상함이 돋보였다. 유사 이래 처음 보는 대행사가 여의도 광장에서 열렸다. 연일 1백만 명이 넘는 인파가 몰렸다. 가설무대에 합창단 3천 명이 올라가 부른 찬송가는 하늘을 감동시켰을 것이다. 음향시설, 조명시설, 대규모 인원을 위한 위생시설, 교통통제 등 완벽했던 행사가 많은 기독교인들 가슴속에 잔잔한 파도가 만든 화석처럼 기억에 남아 있다.

오 이사장은 이 대회와 관련, "예수 믿기로 결심한 사람들은 '앞으로 나오라' 했을 때에 그렇게도 많은 사람들이 뛰어 나오는 것을 지켜보면서 나는 소리 내어 울었습니다."고 상기했다.

이 행사를 지켜본 한 지인은 "성격이 곧으니 대쪽 같아 오재경이냐, 아호가 오재경이라서 대쪽같이 되었는가. 청죽은 유연하나 노죽(老竹)은 탄력이 더해지는 법. 그러나 소년처럼 순진 순정의 만년 청년인 오재경은 늙지 않았다."고 말했다.

그는 기독교 방송 이사장을 하는 동안 국제광고협회 한국 회장, 대한체육회 부회장, 언론인 기금 이사장, 체육진흥재단 이사장, 실명예방협회 초대 이사장, 국제로타리 375지구 1차 총재 등을 지냈다. 그리고 세방 여행사 명예회장, 군복음화 후원회 초대 총무, 재단법인 언어교육 이사장 등을 겸직했다.

로타리로 봉사의 정점을 이루다

오재경이 1975년 초부터 1980년까지 또 야인이 됐다. 그가 기독교 방송국 사장을 그만두자마자 동아일보 김상만 사장이 동아일보 비상근 이사가 되어 달라고 요청했다. 기독교 방송 이사장 때 만나 언론계의 앞날에 대해 많은 이야기를 나누었던 일도 있었고, 또 앞으로 닥쳐올 여러 가지 어려움에 동참하겠다는 뜻에서 동아일보와 인연을 맺었다.

그는 CBS 이사장을 하고 있을 때나 물러나서도 맡은 일이 봉사인 양 왕성한 활동을 멈추지 않았다. 그의 생애에서 봉사활동을 가장 활발하게 추진한 시기였다. 그가 소리 없이 지금까지 간여했던 일을 계속했다.

1970년대 말 지미 카터 대통령은 한국의 인권문제를 거론하며 이미 미국으로 돌아간 주한 미 제7사단에 이어 2사단까지도 철수하겠다고 우리 정부를 압박하고 있었다. 미국기관의 우리나라 청와대 도청 문제까지 불거졌다. 이로 인해 한미 간에 발생한 불협화음이 밖으로 심각하게 드러나던 때였다.

그 무렵 USO 한국 재단이 사용하던 건물이 낡고 비좁아 새로운 건물이 필요했다. 하지만 상황이 여의치 않았다. 오재경이 발벗고 나섰다. 그가 건물을 새로 지어야겠다고 하자 많은 사람들이 미군들이 철수한다고 하는 마당에 미군병사를 위한 집은 지어 무엇 하느냐고 반대했다. 그는 그러기에 더 필요한 일이라며 주위사람들을 설득, 모금 운동을 시작했다.

한 사람에게 한 평씩 건물 지을 금액을 도와 달라고 했다. 3분의 2정도는 모금이 되었으나 성적이 오르지 않았다. 정부에 있는 친구가 난처한 오재경을 돕기 위해 정부예산으로 도와주면 어떻겠느냐고 의견을 전해왔다. 그는 관리에게 "당신의 고마운 뜻만 받겠다. 왜냐하면 정부로부터 큰 돈을 받으면 결국에는 우리가 정부가 하는 일을 도와주는 것 밖에 되지 않는다. 우리는 우리의 작은 일을 어렵게 해야 한다."고 말했다. 오재경이 나서 총리와 서울 시장, 그리고 국회의장으로부터 한 평씩 기부를 받아 건물을 완공했다.

그와 함께 병사들을 실어 나를 버스가 필요했다. 버스를 마련하는 일에도 오재경이 앞장섰다. 현대자동차를 찾아갔다. 조심스럽게 말을 꺼냈다. 국민과 함께 서로가 공감하는 일을 결정하는데 그리 긴 시간이 소요되지 않았다. '현대그룹'의 생리가 그러한 토대위에 서 있음을 그가 알고 그러한 부탁을 하게 된 것이니 말이다.

현대자동차는 뜻밖에도 "좋은 뜻에 찬동해서 버스 한 대를 기증하겠습니다. 이러한 귀한 일에 참여할 수 있게 해 주셨으니 고맙습니다."라고 말했다. 귀한 것 주고도 마음이 인색할 수 있는 현실을 뛰어 넘는 아름다운 일이었다.

1977년 1월18일 USO 한국 재단 건물에서 버스 기증식을 가졌다. 존 배시 대장도 행사에 참석했다. 구수하고 소박한 정주영 회장과 배시 대장이 그 자리에 모인 사람들은 물론 한미 국민을 큰 하나로 다정하게 묶어 주었다.

오재경은 로타리 지구총재를 남들과 달리 2회를 역임했다. 1975년, 1978년 두 차례나 총재로 봉사했다. 이 기간 로타리에 쏟은 그의 노력은 대단하다. 두 번째 총재 때는 로타리 아시아지역대회를 서울로 유치하여 훌륭하게 대회를 마쳤다.

오선환 전 순천향대학교 총장은 "오 총재는 로타리 활동을 행하면서 자선 아닌 봉사를 위하여 '초아(超我)의 봉사(Service Above Self)'를 신조로 '가장 훌륭하게 봉사하는 사람이 가장 많은 것을 거둔다'는 뜻에 따라 항상 네 가지 테스트를 잊지 않고 실천했으며 '보다 나은 나라 만들기, 보다 나은 고장 만들기, 보다 나은 인간 만들기'를 위해 힘찬 역군이 되어야 할 것을 역설하고 이를 몸소 실천에 옮겼다."고 평가했다.

오재경 총재는 참 멋진 로터리안이었다. 로타리가 힘쓰는 기본 정신은 개개인의 봉사라고 말한 그는 그 말대로 평생을 살았다. 그는 로타리를 하면서 "나는 나 자신을 완전하다고 여기지 않는다. 그러기에 완전함을 향해서 열심히 달린다. 우리가 로타리를 더불어 생활하는 이유가 여기에 있다. 나로 인해 진실과 공평과 우정과 선의를 더하게 해서 나의 개인생활이나 사회생활의 보다 나음에 이바지했는가를 점검해야한다."고 다짐했다.

그는 그래서 로터리 회원이 되었음을 정말 자랑스럽게 생각했다. 그리고는 "나로 인해 한국 로타리의 자랑스러움을 더욱 실감하는 우리들 되어야 되겠다."고 마음을 다잡았다. "로타리안이 될 수 있는 자격요건은 나의 지역사회가 나를 중요한 직업인으로 인정해야 하는 것입니다. 내 고장에서 존경받는 봉사단체의 일원이 되는 조건입니다."라며 "로타리 운동은 자유민의 특권입니다. 우리의 로타리는 그 누구나가 옳게 주인 되는 건강한 시민사회를 이루어 나가는 데에 가장 소중한 지도성의 개발, 옳은 결단을 내릴 수 있는 능력을 깨우쳐 주는 것이어야 하는 것입니다."라고 회원들에게 시민사회의 리더가 되어야 함을 강조했다.

오 총재는 지역 로타리 클럽 회장들에게 평소에 가진 소신을 피력했다. 그가 살아 온 길이기도 했다. "우리들 누구나가 내가 중요한 사람이라는 생각을 가져야합니다. 그리고 상대방의 입장에 서서 모든 것을 생각하는 마음이 있어야 합니다. 그 사람이 원하는 것이 무엇인지를 찾아내고 그것을 그 사람이 차지할 수 있도록 공동으로 힘써야 하는 것입니다."

최종식 전 인천 로터리 회장은 오재경을 처음 만나는 날의 기억을 되살리면서 "죽어서도 혼날 일이 있을 것"이라고 말해 참석자들을 웃게 만들었다. 그러나 그 말은 "죽어서도 가르침을 받고 따르고 존경할 일"이라는 것이다.

최 전 회장은 대전 로터리 클럽 창립 50주년 행사 때는 유성의 호텔 같은 방에서 자면서 많은 이야기를 나누었다고 기억했다.

오 총재는 로타리 활동을 통해 한국과 일본 두 나라의 불행했던 관계를 마무리 짓고 서로 다정하게 손잡게 하는 일로 보람을 찾고자 했다. 그는 4번이나 오고가며 열린 한일대회에서 두 나라가 안고 있는 아픈 과거를 솔직하게 이야기하고, 아픔을 치유하는 방안을 함께 모색했다.

1차 서울 대회에서 오 총재가 한 말이다. "가장 가까운 나라 한국과 일본이 아직도 가장 먼 나라로 남아 너무도 서로를 모르는 오늘의 불행을 우리의 후손에게 이어주지 않기 위해 우리는 여기에 모였습니다. 그 먼 이유가 어디에 있는지 우리는 오늘을 기점으로 해서 성실하게 생각해 나가야 합니다. 이러한 엄청난 숙제를 나 아닌 다른 사람에게 기대할 수는 없습니다. 이 자리에 모인 우리들 모두가 내가 한다는 의지를 뚜렷이 행동으로 보여주기 위해 여기에 모인 것입니다."

동아일보 사장을 하다

동아일보 비상근 이사였던 오재경이 1983년 3월 3일 동아일보 대표이사가 된다. 그 때가 5공화국 정부가 언론을 통폐합하고, 기자들을 숙정하던 때를 막 지난 시점이었다. 그의 초심은 흔들리지 않았다.

하지만 군부의 힘은 역시 막강했다. 군은 언론 통폐합이후 여론을 오도한다는 비난을 받기도 했다. 오재경은 과감하게 대응했다. 진실이 곧 힘이고 국가 발전의 원동력이라는 것을 알았기 때문이다.

오 사장의 취임사 일부를 발췌한다.

"최고는 못되더라도 최선을 다해서 힘껏 여러분의 뜨거운 사랑에 보답하고자 합니다. 인간은 누구나 그가 지닌 가능성을 남김없이 불태우는 일로 보람 누리기를 희구하며 우리 모두가 공유하는 위대한 사회창조를 꿈꾸는 것입니다. 이러한 저의 열망이 여러분의 사랑으로 오늘에 사는 동아일보에 가득 담겨지기를 간절히 바랍니다.

역사에 업히는 동아가 아니라 역사를 업고 오늘과 내일을 힘차게 달려 나갈 각오입니다.

사람이 겉으로는 늙으나 속으로는 날로 새로워져야 하듯 동아도 지난날의 역사 속에서만 안주하지 않고 오늘과 미래의 역사를 기록해 가는 일에 혼신의 힘과 정성을 쏟을 것을 다짐합니다."

오 사장은 동아일보에 가서도 특유의 자세로 일을 벌였다. 창간 63돌 식장에서다. 시국 상황 때문에 중단됐던 동아대상을 김중배 논설위원에게 시상했다. 상에는 혼란스러웠던 당시를 함께 헤쳐 나가자는 뜻을 담았다.

그는 기념사에서 "어둠의 세월을 헤치고 소망의 신천지를 열며 겨레의 떠오르는 기상을 대변해준 동아일보가 사시로 내세운 민족, 민주, 문화주의는 우리로 하여금 인간회복의 길을 앞당기게 하였습니다. 이로 인해 오늘 우리가 버젓이 이 땅의 주인 노릇을 하며 사는 것입니다"라고 말했다. 마치 당시에 억압받던 국민의 소리를 대변하는 것 같은 발언이었다.

이동건 국제로타리 전 회장에 따르면 오 사장은 3개월 뒤 캐나다 토론토에서 열린 제74차 국제 로타리클럽 연차 총회에 참석하여 국제 이사로 취임했다. 한국인으로서는 두 번째 국제이사였다. 이 회의에서 그가 주축이 된 한국 회원들은 똘똘 뭉쳐 1989년 년차 총회를 서울로 유치했다.

오 사장은 동아일보 사장 때도 바른 말을 아끼지 않았다. 전두환 전 대통령이 전국의 신문 방송 사장부부를 청와대로 초청했다.

오 사장의 말이다. 일행은 청와대 안 한옥에서 오랜 시간을 기다렸다. 시간이 많이 흘렀고 몸이 허약한 어느 신문사 부인이 주저앉고 말았다. "꼭 벌을 서러 오는 사람들 같군."하고 혼잣말로 불평을 했다. 식사 후 대통령 부부가 자리를 떠나고 한참을 지났는데도 나가라는 말이 없었다. 이번에도 내가 말했다. "이제 나가도 괜찮은 거요?"하고 불쾌하게 뇌까렸더니 그제야 나가도 좋다고 했다.

그 후 며칠 뒤 KBS의 이○○ 사장이 만나자고 했다. 이 사장은 그에게 "당신은 왜 그렇게도 불경하냐?"고 말했다.

오 사장은 "당신들보다는 더 많은 대통령을 모셔 본 나요. 대통령을 모시는 법은 내가 더 잘 아는 것으로 아는데 박정희 대통령 내외가 우리를 초대했을 때에도 그렇지 않았어. 그분들이 먼저 나와서 우리를 기다려 반겨주었고, 저녁이 끝나 헤어질 때가 되니 함께 걸어 나와서 이 얘기 저 얘기로 꽃을 피우며 걷다가 갈라지는 길목에 서서 작별인사를 나누고 헤어졌는데 손님을 불러놓고 그렇게 할 수 있단 말이오? 손님 대접하는 법을 옳게 가르쳐 드리도록 하시오."라고 쏘아 붙였다.

이 사장은 나에게 "당신 회사의 전임 김 사장은 그렇지 않았다."고 했다. 오 사장은 "그러면 다음부터는 나를 부르지 말고 그를 부르라."고 했다. 지나치게 굳어져 버린 그리고 너무도 어른스럽지 못한 그들이 딱하게 여겨졌다.

오 사장은 시간이 지나 대통령 청문회에 나왔던 이들을 보고는 "대통령을 그렇게 밖에 모시지 못했느냐?"는 안타까운 마음을 표하기도 했다.

오 사장이 부지런하기는 예와 다름없었다. 편집국회의와 논설회의에도 꼭 참석했다. 하지만 그가 내세우던 자유언론의 이상에 따라 기자들의 의견을 존중했다.

그의 '언론자유는 지켜져야한다'는 지론처럼 신문제작에는 아예 간섭하지 않았다. 작가 이순 씨가 본 1984년 4월 2일 동아일보 논설회의 스케치다.

논설주제가 정해지지 않자 한 사람이 시간을 지키라고 요구한다. "자 어서 결정들 하세요. 시간이 너무 갔어요." 라며 내내 말없이 앉아 있다가 때때로 일어나 환기구 스위치 같은 걸 만지곤 해서(그래서 더 추웠던 것 같다) 도대체 누군지 나로 하여금 궁금증에 빠지게 하던 노신사의 딱 한마디 재촉이다. 나중에 알고 보니 그분이 오재경 사장이라고 해서 놀랐다.

오 사장은 동아일보에 가서도 부지런한 생활습관이 바뀌지 않았다. 이순 씨는 "아침 셔터가 올려지는 6시 반에서 꼭 한 시간 반 뒤에 출근하여 편집회의 및 논설회의에 참석한다."는 안내기자의 설명을 듣고는 오사장을 다시 보았다.

7 영원한 봉사와 사랑 그리고 이별

"나는 이른바 합동 측에 속하는 교회의 장로지만 합동이 뭔지 통합이 뭔지 또는 기장이 뭔지 몰라요. 소위 교회를 지도하겠다고 하는 분들의 잘못된 생각 때문에 그렇게 된 것으로 봐요. 6.25 때 이북에 납치당한 내 아버지가 살아계실리 없지만 만약 그분이 돌아오신다면 어느 파에도 속하지 않을 것으로 알아요. 교회가 원래 모습을 되찾았으면 좋겠어요."

잊을 수 없는 여인

1987년. 함께 살아온 신재덕 교수가 세상을 떠났다. 청천벽력이었다. 오재경은 매일 집으로 전화해 신 교수와 통화하곤 했다. 그날도 통화를 하며 여느 날과 같이 '이○○'이라는 경희대 대학원 학생의 레슨을 끝내고 점심을 먹고 쉬는 중이라고 했다. 그리고는 50년 가까이 한 집안처럼 지내온 앞집에 놀러 내려가서 그 집 안방에서 쓰러졌다. 그런 상황에서도 남편 사무실 전화번호를 알리고는 의식을 잃었다.

이웃 사람들이 곧 바로 병원으로 옮겼으나 끝내 소생치 못했다. 동아일보는 1987.1.31. "30일 오후 향년 70세를 일기로 타계한 원로음악가 신재덕씨는 일생을 바쳐 많은 피아니스트 제자를 길러 낸 교육자로 유명하다."면서 제자로 "장혜원, 이경숙, 안희숙, 신수정 씨 등 우리나라의 손꼽히는 일급 피아니스트들이 다 들어 있다."고 보도했다.

동아일보에 따르면 신 교수는 경기여고(1935년), 이화여전음악과(1939년)를 졸업하고 그해 일본으로 건너가 1년간 러시아 피아니스트 레오 시로다에게 사사했다. 1952년 이화여대에 몸담게 된 신 교수는 1954년부터 2년간 미국 인디아나 주립대학에서 유학했다.

그 무렵 오재경이 일중독에 걸렸다고 비난을 받을 만큼 일에 몰두했던 이유를 스스로 밝혔다. “내가 비교적 옳게 살아올 수 있었다는 것도 나 자신보다는 오히려 아내에게 그 이유가 있는지도 모른다. 나는 가끔 어떠한 시비가 생길 때 그 누구하고도 서로의 생활비를 공개할 것을 두려워하지 않았다. 실상 우리들의 매일의 생활은 아내가 책임져 왔다고 해도 과언이 아니다. 그러기에 나는 나의 일을 직업이라기보다는 차라리 취미로 삼아왔고 그래서 일 없이는 못 견디었던 것이다.”

오재경은 가정경제에 관심을 가질 여유가 거의 없었다. 잘 알려졌듯이 건국초기의 공무원과 교수의 월급은 뻔했다. 지급되는 시기도 불규칙했고 액수도 그야말로 ‘쥐꼬리’만큼이었다.

신 교수라고 뾰족한 방법이 있었던 것도 아니다. 가진 음악적 재능을 후진 양성에 쏟아 부었다. 거기서 생기는 수입을 합해 가정을 이끌어 나갔다. 소위 말하는 개인지도로 부족한 생활비를 벌어 보탰다. 신 교수는 오재경이 금전에 매달려 큰 일을 그르치지 않게 소리없이 내조를 했다. 두 사람을 잘 아는 사람이 “신 교수가 부인이라기보다는 오히려 어머니같은 모성을 발휘했다.”고 평했다.

신 교수는 오재경의 유치원 스승이었던 황온순 씨의 딸 강윤경 씨도 가르쳤다. 그는 또 이화여자대학교에서 정년 퇴직을 하고서도 거리낌 없이 이웃 대학에서 시간 강사도 했고, 시내 다른 대학, 대학원 학생들을 가르치기도 했다. 신 교수는 제자 교육에 엄격하기로 소문이 났었다.

그는 수업이 어떠하든 타이틀이 무엇이든 상관하지 않았다. 피아노 교육은 그의 생명이요, 하나님이 주신 소명이라고 믿었다.

두 사람은 결혼 한지 16년 만에 외아들 종열(琮悅)을 얻었다. 신 교수가 배가 아파 난 것이 아니라, 가슴을 앓아 난 아들이다. 신 교수는 정성을 다해 아들을 보살폈다. 그도 아들 종열을 매우 사랑했다.

신 교수는 아들이 추울까봐 전기담요를 사다 주며 다독이고, 그가 좋아 하는 음악에 맞추기 위해 재즈 음악도 함께 들었다.

그 집은 오재경의 성채였다. 그는 집 마당 게양대에 늘 태극기를 게양했다. 높은 게양대에 태극기가 펄럭이고 있어 동네에서는 '깃대가 있는 집'으로 불렸다. 그는 집을 찾아오는 사람들에게 혜화동에 와서 깃대가 있는 집을 찾으라고 자랑스럽게 이야기했었다. 훌륭한 랜드마크였다.

그 집이 불탔다. 그는 "내가 소중하게 생각했던 것들이 한 순간 재로 변해버린 것처럼 인간도 죽음을 만나면 이 세상의 모든 것이 아무런 의미가 없다. 사람이 삶을 마치면서 가져갈 수 있는 것은 남을 위해 베풀고 나누는 선의와 사랑뿐이다."라고 말했다.

그는 이 깨달음을 얻고는 불행을 만나게 된 것이 고마웠다고 했다. 전화위복이었다고 믿었다. 신 교수와 다시 집을 지었다.

오재경은 이런 것들이 생각날 때마다 연연한 마음을 품은 채

신교수를 그리워했다. 그를 잊지 못해 불면의 날이 계속됐다. 주위에서 사람 버리겠다고 걱정하는 말도 들렸다. 그렇게 방황하듯 시간이 흘러갔다.

주위에서 여행이라도 가서 몸을 돌보고 정신을 차리라는 권유가 있었다. 떠밀리듯 나간 것이 태국 방콕이었다.

깊은 정을 나눠준 사람

박보희 교수는 오재경과의 만남을 갓 지나간 어제의 일처럼 아직도 생생하게 기억한다.

박 교수가 태국 방콕에 있는 아시아·태평양경제사회위원회에서 근무할 때였다. 오재경이 스승으로 모신 황온순 씨의 사위 오흥근 박사도 방콕에 있는 유엔식량농업기구(FAO)의 아·태지역대표부에 근무하고 있었다. 박 여사와 그는 한국인이고 같은 국제기구에 근무하는 사이라 서로 알고 지냈다.

어느 날 오흥근 씨가 박 교수에게 "한국에서 오재경 장관이 오시는데 방콕 관광을 안내할 수 없겠느냐?"고 부탁했다. 박교수는 전부터 그가 누구인지 알고 있었기에 아무런 생각 없이 그러자고 가볍게 관광안내를 승낙했다.

이화여대 신입생시절 오재경의 '사회복지 행정론'을 한 학기 들은 적이 있었고, 언론 문화분야에서 그가 이룩한 여러 공적에 관심을 두었었다.

오재경의 사별한 부인 신재덕 교수의 초청으로 혜화동 집에 한두 번 간 적도 있었다. 대보름날 등에 '이화여대 족속'(이 부분에서 tribe라고 영어 단어로 말함)이라고 스스로 부르던 몇몇 사람들을 초대했었는데 박 교수도 후배로 거기에 포함되었었다는 것이다.

박 교수는 방콕에 도착한 그를 보고는 "깜짝 놀랐다."면서

"카키색 바지와 셔츠를 입은 모습이 관록있는 문인 같아 보였다." 고 회상했다. 박 여사가 좋아하는 스타일이다.

박 교수는 스스로 운전하는 벤츠SL에 옛 스승을 모시고 파타야 등 관광 코스를 이삼일에 걸쳐 안내하였다.

그러는 과정에 오재경은 자신에 대해 많은 것을 이야기했다. 그의 일생을 압축해 털어놓았다 해도 과언이 아니었다. 그러한 오재경이 참 여리게 보였다.

그가 신재덕을 잃은 마음의 상처가 얼마나 깊은지 짐작이 갔다. 그것을 추스르는 일이 힘들어 보였다. 그는 정을 그리워했다. 아니 정에 굶주린 것 같았다. 곧 부서질 것만 같았다. 어떤 한 사람을 위해 저렇듯 깊은 정을 품을 수 있는 인간성이 귀하게 여겨졌다.

관광 이틀째 되던 날 당혹스런 상황이 벌어졌다. 현지에서 관광사업을 운영하는 오재경의 친지 몇 분의 저녁대접을 받았는데 그 자리에서 오재경이 반지를 내어 놓았다. 박 여사에게 이렇다 할 말도 없이.

박 교수는 깜작 놀랐다. 받기도 거절하기도 어려웠다고. 예상치 못한 갑자기 벌어진 일이라 당혹스러웠다. 받자니 아무런 마음의 준비가 되어 있지 않았고, 거절하자니 그분 지인들이 있는 앞에서 그럴 수도 없었다는 것이다.

나중에 안 일이었지만, 황 여사의 사위가 방콕에서 홀로 지내는 박 여사 근황을 장모에게 이야기 했고, 박 여사를 알고 있던 황 여사가 오재경에게 휴식 겸 여행을 가보라고 권했던 것이다. 장모와 사위가 오재경을 위해 모든 것을 기획하고 연출한 에피소드였다.

박 교수는 "저렇게 한 사람을 위해 절절한 정을 품을 수 있는 사람이라면 여생을 함께해 볼만 하다."고 생각했다.

방콕에서 두 사람은 결혼식 없이 조용하게 지인들에게만 알리고 살기로 약속했다.

그가 서울에 돌아와서는 약속을 깼다. "한국에서는 결혼을 하지 않고 함께 사는 것을 받아들이지 않는 것이 대세이더라"면서 결혼식을 밀어 붙였다. 쉬쉬하면서 살면 여러 가지 가십이 떠도는 것을 잘 아는 그가 방지책으로 내놓은 방법이었다.

두 사람이 수안보 고사리 이화여대 연수원으로 김옥길 전 이화여대 총장을 찾아가 "우리 친구하기로 했어요."라고 보고했다. 김 총장은 곧 서울로 돌아와 박 여사 친구, 전 동료들을 초대해 두 사람의 결혼식을 공포했다.

88서울 올림픽을 앞두고 서울이 들뜨기 시작할 무렵이었다. 두 사람은 꽃이 활짝 피는 4월 말을 택했다. 신라호텔에서 한경직 목사가 주례를 맡았다. 신부의 세이프런은 문인숙 전 이대교수였다.

신부는 아버지가 안 계셔 식장 옆문으로 조용히 입장할 계획이었다. 원래부터 조용한 결혼식을 올리기로 약속했었으니까.

그런데 또 '깜짝 쇼'가 벌어졌다. 엘리베이터 문이 열리자 앞에 김옥길 전 총장이 한복 앞가슴에 화사한 꽃까지 달고 기다리고 있었다. 김 총장의 손을 잡고 예식장 가운데를 걸어 들어갔다.

오재경은 결혼식 때 참석한 인사들이 실크 스카프에 남긴 친필 서명들을 액자에 담아 응접실에 걸어 놓았다.

박보희 교수가 태국 방콕에서 구입한 것을 방명록 대신에 내놓은 것이다. Who's who 대한민국판을 펼쳐 놓은 것 같다.

구평회 김동길 김상기 김선숙 김성진 김연옥 김옥길 김성렬 김은호 김입삼 김세영 김영정 김인숙 김학수 김현자 김후란 남경자 문명지 박종기 방우영 송인상 신봉조 신영미 엄주택 이연숙 이정숙 이중섭 이창석 이학수 이한빈 장윤찬 장혜원 정수경 정일권 정주영 정진영 정호정 조순경 차수정 한경직 허원 황인정 씨 등의 이름이 보인다. 지금도 응접실 가장 돋보이는 자리에 그대로 있다.

오재경은 USO 한국 재단 일을 죽는 날까지 계속했다. 이 일은 오재경과 이승만 대통령이 나라를 위해서 한 약속이기도 했다. 이 대통령이 세상을 떠난 지 오래 되었지만 그는 혼자서도 끝까지 약속을 지켰다.

변현숙 USO 한국 재단 전 매니저에 따르면 오재경은 1990년 2월, UN 장병 160명을 서울시내 호텔로 초대해 위문 잔치를 열었다. 그는 이날 USO 한국 재단을 위해 30년간 봉사하고 있다면서 당시 행사가 19번째라고 밝혔다. 참석자들은 이날 모임을 사병들을 별 여섯 즉 육성(六星)장군처럼 예우하는 밤이라고 이름 지었다. 이름에는 사병 없이는 오성(五星)장군도 있을 수 없으며, 미국 여섯 개의 민간 자원하는 봉사단체가 일으킨 것이라는 뜻을 담았다.

그 USO 한국 재단 건물은 아직도 나이 어린 미군 병사들을 위해 잠자리를 제공하고, 외로워하는 병사들에게는 어머니 같은 아늑한 휴식처를 만들어 주는 등 봉사하는 일을 계속하고 있다. 오재경이 살아 있다는 흔적이다.

사회개발정책에 학문적으로 실천적으로 관심 두어 온 박 교수의 활동은 오재경과 결혼 후에도 그대로 이어졌다. UNICEF 주한 대표부의 고문으로서 UN의 아동관련 위임사안(mandate)을 국내에서 이행하는 일을 2년간 맡아하였고, 그 일환으로 국내 최초로 아동단체협의회를 출범시켰다. 한국사회정보연구원을 설립했고 이를 기반 삼아 UN 개발기구들과 협력하여 각종 사회문제에 대처하는 방안을 마련 하였다.

오재경의 외조도 빛났다. 박 교수가 업무차 해외로 자주 나갔어도 불평하지 않고 적극적으로 도왔다. 1997년 경제 위기 때는 갑자기 실업자가 된 사람들을 위해 의정부 임야 1만5천 평을 무료로 사용케 해 녹색창업사업을 지원했다. 박 교수는 이 사업을 보건복지부와 UNDP의 후원을 받아 3년간이나 계속했다. 2003년 전경련 협찬으로 한국 최초의 사회적 기업 세미나를 개최 했다. 그리고 여성정책심의위원으로 두 번 위촉 됐다.

이들 경력을 인정받아 2002년에 국민훈장 및 비추미 여성대상(삼성 공익재단), 2006년에 용신 봉사상(여성단체협의회), 그리고 2015년에 사회개발 특별공로상(한국사회복지협의회)을 받기도 하였다.

이 두 사람의 결합을 앞두고 말리는 사람조차 있었다. 보건사회부 차관을 역임한 강봉수 씨는 두 사람의 성격이 극과 극으로 달라 어울리기 어렵다고 말했다. 오재경과 전 부인 신재덕 여사, 그리고 박 교수 세 사람을 다 잘 아는 그는 성격차이 때문에 "도저히 안 될 것"이라고 진심에서 우러나온 조언을 했다. 당시의 이화여대 일부 여교수들도 두 사람의 결합을 반대하면서, 비난하는 그룹도 있었다고 한 원로 언론인은 전한다.

오재경과 박보희 두 사람이 같이 산 근 사반세기 동안에, 많은 사람들이 걱정했던 그들의 성격적 차는 서로에 대한 이해와 배려로 극복되었고, 한 없이 깊고 순수한 사랑으로 이어졌다. 말년의 그들은 어린아이들처럼 서로 장난치며 웃고 놀았다.

서울에서 국제로타리 대회를 열다

오재경 씨는 국제로타리 이사로서 활동 영역을 크게 넓혔다. 그가 따뜻한 사랑의 세계를 이루어보겠다는 생각으로 로타리의 봉사활동에 매진했다.

그는 로타리 회장 대리자격으로 일본에 가서 "36년 간을 나라도 이름도 잃어버리고 우리말조차도 빼앗긴 채 인간 이하의 삶을 이어가야만 했던 나의 그 어두웠던 젊은 시절을 생각하면서 오늘이 자리에 서 있습니다. 태평양시대가 다가온다 합니다. 이를 앞당기는 일은 일본과 한국의 협력관계 여하에 달려 있다 하겠습니다. 참다운 동반자가 되는 우리들 되기를 희구하는 것입니다. 화해의 길을 열어야합니다. 그래서 큰 합의를 이루어야 할 우리입니다."라고 두 나라 로타리의 화합을 강조했다.

화합을 이야기하면서 일본의 과거 잘못을 이야기하는 것을 주저하지 않았다. 화합의 밑바탕은 서로 알고 용서하고 포용하는 것임을 알았기 때문이었다.

그는 일본인들에게 일본인들이 말하지도 않았고, 가르치지도 않았던 우리의 역사를 하나도 숨김없이, 있는 그대로 이야기했다. 일본인들이 그에 감동했고, 한일 간의 벽을 낮추는데 기여했다. 그러나 '역사는 진실을 이야기하지 않는다.'는 말을 생각케 하는 일들이 자주 발생한다. 그 이후에도 한일간에는 진실을 이야기하지 않는 경우가 많았다. 오재경은 이를 가슴아파하며, 극복하려는 노력을 아끼지 않았다.

그는 또 우리나라는 하지 못했고, 일본은 감춘 역사의 진실을 일본인 가슴에 깊이 심었다.

1989년이 됐다. 싱그러운 5월, 아카시아 꽃향기로 서울이 싱그러웠다. 전 세계 로타리안이 참가하는 국제대회 준비를 마쳤다. 오재경은 86개국 38,878명의 각국 로타리안을 서울로 불러들였다. 곳곳에 환영 아치가 세워졌고, 거리마다 현수막이 내 걸렸다.

'로타리로 살자'라는 주제로 국제 로타리 대회가 열렸다. 오재경에게는 개인의 명예를, 한국 로타리 그리고 대한민국 국민에게는 자부심과 긍지를 드높인 행사였다. 그는 이 대회를 가장 자랑스럽게 여겼다.

그는 대회를 마치고 "저는 저의 평생을 명예 하나만을 위해서 힘껏 살았습니다. 그 명예는 나만의 것이 아닌 우리 모두를 위한 것이었습니다. 서울국제대회도 나의 명예, 한국 로타리의 명예, 나의 조국, 한국의 다시없는 명예 그것이었습니다. 저는 명예를 사랑으로 여깁니다. 서울 국제대회는 우리 모두의 사랑을 아낌없이 보여준 모처럼의 기회였습니다."고 연설했다. 세계 100만 여명의 로타리안이 서울국제대회를 경탄하고 찬사를 보냈다.

로터리를 통해 그를 기억하는 사람들도 많다. 로타리가 아니었으면 그를 만날 기회가 없었던 사람들은 지금도 그를 로타리 봉사활동의 리더로 생각한다. 그는 로타리 활동을 하면서도 평생을 지키며 살아온 그의 굳은 신념을 접지 않았다.

김석화 천안 이화피닉스요양병원장은 “1989년 세계 대회는 가장 멋진 대회였다.”면서 오재경의 “역량과 능력으로 이루어진 결과”라고 평가했다.

김원장은 오재경과 보낸 밀레니엄 밤을 잊지 못한다. 충남 서해 외목항에서 2000년 새해 떠오르는 해를 오재경과 함께 맞이했다. 당시 찍은 사진이 오재경의 저서 ‘평범을 비범으로’에 화보로 실려 있다. 김 원장은 오재경이 강의한 봉사 철학 이야기를 듣고는 평생 멘토로 삼았다고 밝혔다.

이동건 국제로타리 전 회장을 비롯해 오재경을 기억하는 많은 로타리안들은 국제로터리가 한국에 둔 지부를 폐쇄하려 했을 때 그가 보여준 단호한 행동을 기억한다.

그는 로타리 국제회의에서 열정적으로 한국이 국제 로타리에 기여한 일과 앞으로 펼쳐갈 사업을 설명했다. 그러나 그의 주장과 설득에도 불구하고 국제회의장 분위기는 싸늘했다. 그가 회의장을 박차고 나갔다. 모든 이사들이 아연 긴장했다.

결국 국제로타리의 7개지부 중 하나가 한국에 그대로 남아있게 됐다. 이 전 회장은 “대한민국의 위상을 어떻게든 지켜야한다는 각오를 보여준 행동이었다.”고 회상했다.

그 해 겨울 오재경이 칠순을 맞았다. 하고자 하는대로 해도 전혀 부끄럽지 않다는 논어의 종심소욕불유구(從心所欲不踰矩)를 실천 하는 나이가 되었다. 고희 잔치는 ‘죽포칠십이자술’(竹浦

七十而自述)의 출판기념회를 겸해서 열렸다. 결혼식보다 더 많은 사람들이 모였다. 이한빈 전 부총리는 오재경의 일생을 한마디로 요약했다.

이 전부총리가 한 축사다. "죽포 오재경 박사는 정의의 사나이입니다. 정열의 사나이입니다. 이 자리가 그것을 잘 나타내듯이 그는 예술가들의 벗입니다. 그는 또 행동의 사나이입니다. 오재경씨가 맡았다 하면 1년 안에 결과가 나타났다는 사실은 기적에 가까운 일이었습니다. 마지막으로 그는 봉사의 사나이입니다. 한 번 관심을 가졌다하면 그저 몇 십 년간 계속해서 또는 세계 어느 곳이라도 가서 봉사를 하는 봉사의 사나이입니다."

기독교 방송 사장 이재은 목사, 현대그룹 회장 정주영, 로타리 전 총재 남궁윤 씨 등이 잔치에서 축하의 말을 이어갔다.

고희를 지나서 그가 말했다. 그가 맡은 주례가 1천 건을 넘었다고. 그의 인품에 반해서, 능력을 흠모하여, 은혜를 입어서, 도움을 받아서 등등 사연도 많다. 그중 신성일 엄앵란 씨의 주례도 맡았다. "두 사람이 찾아와 결혼주례를 부탁했을 때 못하겠다고 이를 거절한 일 생각나게 한다. 당신들은 잘 살 가능성이 보이지를 않으니 주례를 할 수 없다. 거절했더니 이 두 사람이 문화부 기자들을 불러서 나에게 거절당한 이야기를 하고 우리 둘은 잘 살 것이니 증인이 되어 달라 하고는 다시 찾아와 그래서 워커힐에서 결혼 주례한 일 있었다. 서울의 택시가 모두 워커힐로 모였고 결혼식장 정문의 유리가 깨지고 단상에는 많은 카메라맨들이 왔다 갔다 하는 바람에 큰 난리를 치른 결혼주례였다."

오재경이 1990년 정초에 휘경여중·고 교직원 하례식에 참석했다. 황온순 씨가 학교재단 이사장, 오재경이 이사를 맡고 있었다. 그는 교직원에게 "황 선생은 테레사 수녀를 생각나게 합니다."면서 신년초의 덕담을 시작했다.

그는 테레사 수녀의 말을 인용했다. "친절하게 마음을 다해서 어려움에 처한 사람들을 돌보아주십시오. 당신을 만난 누구나가 전보다 마음 편히 밝은 표정을 짓고 돌아갈 수 있어야 합니다. 당신의 표정에 친절이 엿보이고 당신의 미소가 따사로운 음성이 되어 어린이들과 굶주린 사람들, 고통과 고독에 시달리는 사람들에게 기쁨이 넘치게 대해 주십시오. 돌보는 것뿐이 아니라 당신의 마음을 그들에게 듬뿍 안겨주십시오." 그는 이 말이 곧 황온순 씨의 마음이라고 끝을 맺었다.

황온순 씨는 1957년 국내에서 상영되었던 미국 영화 '전송가'(戰頌歌 BATTLE HYMN)의 실제 인물이었다. 영화는 한국 전쟁 중 1.4후퇴 때 전쟁고아를 제주도로 수송한 헤스 대령의 일화를 다뤘다. 이승만 대통령이 그가 데려온 고아들을 수용할 고아원을 세웠다. 이 대통령이 황온순 씨를 원장으로 임명했다.

황온순 씨가 직접 영화에는 출연하지 못했지만 할리우드에서 시사회가 열렸을 때 초청받아 고아들을 데리고 갔다. 그로 인해 그도 일약 스타덤에 올랐다. 오재경은 매년 새해 둘째 날 이화장에 먼저 들렀다가 황온순 씨도 찾아가서 세배를 하는 등 스승으로 평생을 극진히 모셨다.

이제 우리가 도와줍시다

오재경이 노구의 정열을 바친 봉사활동이 플랜인터내셔널 운동이다. 6.25 때 영양실조에 허덕이던 세대가 이 악물고 피와 땀 흘려 일해 우리나라에서 가난을 몰아냈다. 이제는 영양실조가 아니라 영양과다가 문제가 되는 사회에 이르렀다.

그는 이제 우리가 세계를 향해 받은 것을 돌려줄 때가 되었다고 생각했다. 전쟁, 가난, 자연재해 등으로 기아에 허덕이는 전 세계의 아이들을 보살피기 위해 아내 박보희 여사와 나섰다.

먼저 1996년 한국에서 플랜 인터내셔널 한국위원회 발기인 총회를 열었다. 그가 회장으로 추대됐다. 그 자리에서 6.25 전후에 보았던 우리 어린이들의 모습을 떠올렸다. 빈 깡통에 떠 주는 죽 한 숟가락을 후딱 긁어 먹고는 휑한 눈망울로 쳐다보던 아이가 눈앞에 아른거렸다.

자인벌판에서 만난 앙상한 팔다리에 못 먹어 배만 불룩하게 부은 어린이도 보였다. 죽어 있는 엄마의 젖꼭지를 물고 허기에 지친 아이의 눈동자가 오재경에게는 현실이었다. 역사가 아니라 오늘이었다. 사진 속의 장면이 아니라 눈으로 직접 보았던 일이었다. 그래서 버려진 고아, 어려운 부녀, 힘없는 노인을 돌보는 일에 나섰다.

그는 아동들의 천부적인 인권을 일깨워 주고, 이들의 생존, 성장, 교육, 보건, 환경 등을 개선하여 스스로 자립하여 인간다운 생활을 할 수 있도록 도왔다. 돕지 않고는 못 배기는 그가 늙은 몸을 이끌고 세계 회의에도 마다 않고 자원하여 찾아 갔다.

부인 박 여사도 이일에 적극 동참했다. 그와 박 여사가 런던에서 열리는 국제회의에 참가하기 위해 함께 나섰다가 암스테르담에서 결혼식 반지도 잃었다.

그는 제3세계의 빈곤 퇴치에 동참, 국제사회에서 한국의 위상을 높여야할 때라며 우리가 지원국이 됨으로써 구소련지역과 중국의 교포들, 나아가 북한을 돕게 돼 통일을 앞당기는 데도 일익을 담당하게 될 것이라고 전망했다.

그 무렵 오재경이 마지막 회장 직함을 가지고 봉사한 것은 한국종이접기연합회였다. 그의 거동이 부자연스러워졌다. 그러면서도 종이접기연합회 사무실에 나가곤 했다. 그는 마지막까지도 그의 봉사를 필요로 하는 곳이었던 이 협회에 불편한 몸을 이끌고 나가 모든 행사에 참여했다.

늘 교회분열을 막으려 애썼다

오재경은 그의 아버지 삶이 "가장 존경스럽고 영광되며 이 사회에 빛과 소금"이었음을 자랑스럽게 여겼다. 다만 아버지 같이 살지 못할까 두려워했다.

그는 아버지와 어머니를 통해, 그리고 대학시절에 종교인이 가져야할 마음자세를 확고하게 다졌다고 한다. 그는 늘 기도하면서 "선한 일에 힘쓰고, 나누어 주는 사랑에 힘쓰고, 동정하는 사람이 되는 일에 힘써서 앞날에 좋은 터 쌓아올려 참된 인생을 마련하는 이 몸 되기를 힘쓰겠습니다."라면서 "더욱 힘을 다해서 '예'할 때 '예'하고 '아니오'할 때 '아니오'하는 삶을 힘써 나갈 것입니다."라고 다짐했다.

그가 서울 혜성교회에서 장로장립을 받았다. 40전의 아주 젊은 나이였다. 그는 아버지가 봉직했던 교회에서 장로가 되었음을 기꺼워했다. 강신명, 황재경 목사 등 교계 중진들이 와서 기도했다. 그는 그리스도인으로서 충성된 삶을 살아가리라 다짐했다.

그날 오 장로의 기도다. "어디서나 주님의 빛된 자녀로서 흐트러짐 없는 삶을 살게 하소서. 부모님의 신앙유산을 간직하며 하나님께 전적으로 의지하는 자가 되게 하소서." 그 후 공직 관직 등등의 일 때문에 다른 교회에 나갔었다. 그러다가 다시 혜성교회로 왔다. 1960년대 초에는 혜성교회 성가대 대장직을 맡았다. 그는 늘 젊은 음악가들이 부르는 찬송 속에서 지냈다.

오 장로는 사랑의 전도사였다. 그의 사랑론이다. "인간은 사랑을 먹고 사는 동물입니다. 우리 주변에 깔려 있는 오늘의 여러 가지 문제들은 사랑이 없는 데에서 비롯되는 것입니다. 누군가가 나를 사랑해 주길 기대하는 우리들입니다. 확실히 사랑받는다는 것은 소중한 일이 아닐 수 없습니다. 그러나 인간이 사랑받기 위해서는 안에서 밖으로 향해 흘러가는 사랑의 무한한 활력소가 필요한 것입니다. 사랑의 결핍이 너무도 많은 문제를 일으키는 요즘입니다. 어떤 특정한 사람만을 사랑하는 것, 그것은 사랑이 아닙니다. 이기주의의 연장일 뿐입니다. 내가 그 누구를 사랑한다는 것은 뭇사람을 사랑함을 뜻하는 것이어야 합니다. 그 누구를 사랑한다는 것이 세상을 사랑한다는 것을 뜻해야 한다는 말입니다. 그것이 나를 사랑하게 하는 것입니다."

오 장로는 늘 한국 교회의 분열을 참 많이 걱정했다. 그는 아버지가 시무하던 때를 생각하면서 단결도 모자라는 판에 분열로 이끄는 교회 지도층의 행동을 우려했다.

"나는 이른바 합동 측에 속하는 교회의 장로지만 합동이 뭔지 통합이 뭔지 또는 기장이 뭔지 몰라요. 소위 교회를 지도하겠다고 하는 분들의 잘못된 생각 때문에 그렇게 된 것으로 봐요. 6.25 때 이북에 납치당한 내 아버지가 살아계실 리 없지만 만약 그분이 돌아오신다면 어느 파에도 속하지 않을 것으로 알아요. 교회가 원래의 모습을 되찾았으면 좋겠어요."

한경직 전 영락교회 원로목사가 오 장로의 교회분열 걱정을 뒷받침한다. "그는 그리스도의 사랑을 중심사상으로 삼는다. 이러한 그의 신앙은 언제나 어떤 자리에서나 나타난다. 그는 합동측 한 장로교회 장로이다. 그러나 그의 마음에는 사실 합동이니 통합이니 그리고 장로교니 감리교도 없다. 그는 온 교회의 장로이며 한국 교회 전체를 위하여 봉사한다."

2003년 CBS에 조그마한 변화가 있었다. 이 해 CBS 이사회는 오재경이 떠난 뒤 처음으로 목회자가 아닌 사원 출신을 사장으로 선임했다. 종단의 갈등으로 CBS를 떠났던 오재경은 "CBS가 이제야 제 길로 들어섰다"면서 자기 일처럼 반겼다. 그는 기자 출신인 신임 이정식 사장을 찾아가 "CBS가 언론기관으로 더욱 발전하기를 기원한다"는 휘호를 써 줬다.

그 이전에도 그는 기회가 있을 때마다 CBS가 방송으로 발전하기 위해서는 경영을 언론인과 전문경영인이 번갈아 맡아야한다는 의견을 내놓기도 했었다. 그리고 가능하면 방송에 목회자들의 영향력이 미치지 않아야 한다고 강조했다. 그래야만 빠른 결정을 필요로 하는 언론사의 기능이 제대로 발휘될 수 있다고 설명했다.

이 말에는 이사회가 오재경의 연임을 내정했으나, 한 종단이 몽니를 부리자 뒤돌아보지 않고 CBS를 떠났던 때를 회상하는 의미도 들어 있었다. 이 해부터 CBS가 언론기관으로서 기능을 강화하자 오재경은 기회가 있을 때마다 직접 방송국으로 찾아가거나 인편으로 격려와 함께 조언을 아끼지 않았다.

오 장로가 혜성교회, 나아가 한국 교단에 또 한 차례 개혁의 바람을 불러일으켰다. 그가 대형교회이며, 신도가 많은 혜성교회에 35살의 젊은 목사를 청빙하는데 앞장섰다.

2015년 7월 29일 혜성교회에서 정명근 목사와 고진성 장로를 만났다. 고 장로는 "정 목사를 모셔 오기 위해 오재경 원로장로가 부단히도 노력했다."고 말했다. 고 장로에 의하면 1차 청빈위원회에서 어느 목사를 모시고 예배를 보고, 설교를 듣고 기도도 드렸지만 찬반이 갈리어 교회가 쪼개질 지경이 되었다. 당연히 청빙이 무산되었다.

2차 청빙위원회는 원로장로, 시무장로, 안수집사 등이 모두 위원이 되어, 정 목사를 지목했다. 정 목사에게 이력서와 설교 등의 자료를 요구했지만, 그가 단호하게 거절했다. '청빙을 하려면 자체에서 검증하고 나를 모셔가라'는 뜻이었다.

위원회는 논의 끝에 정 목사를 청빙하기로 결정했다. 그런데도 정 목사가 부임을 미루자 오재경이 나섰다. 최연장자이며 원로장로 자격이었다.

그는 망설이는 정 목사에게 "나는 30대에 나라도 경영했는데 그 나이에 교회 하나 못 이끌겠느냐"고 정중하게 청빙에 따르기를 권했다. 파격이라 여길 수 있겠지만 실은 '할 수 있을 것'에 초점을 맞춘 오 장로의 판단에 따른 것이었다.

정 목사의 설명이다. "이전에 오 장로를 만난 적이 없다. 신촌에서 청빙위원들과 식사를 하는 자리에서 처음 뵈었다." 이날 해프닝이 있었다. 정 목사는 연락을 맡은 장로에게 미리 예정된 신방이 있어 약속장소에 늦게 나가겠다고 했다. 하지만 그가 이 말을 청빙위원들에게 전달하지 않았다. 정 목사가 나타나지 않자 청빙위원들의 의견이 분분했다.

오 장로가 결론을 내렸다. 그가 "본인의 맡은 임무를 충실히 하는 모습이 좋다. 개개인의 성격 차이는 인정해야 한다. 다만 그가 잘 할 수 있는가에 초점을 맞춰야 한다."면서 적극적으로 청빙에 나섰다고. 오 장로는 교회에서도 어떤 목표가 정해지면 그 목표를 달성하기 위해 최선의 노력을 다했다. 남들이 뭐라 해도 앞장서 개혁을 이끌었다.

개혁은 '인사가 만사'라는 원칙까지도 고수했다.

끝내 못해본 서울 시장

오 재경이 평생 마음에 두었지만 끝내 이루지 못한 일도 있다. 국가와 정의 그리고 신앙과 봉사를 위한 일이라면 어떻게라도 해냈을 일이다. 하지만 자신의 일이었기에 끝내 이루지 못한 일이다.

서울시장이다. 그의 설명처럼 여러 차례 기회가 있었다. 하지만 덥석 달려들지 않았다. 제안하는 조건들이 하나같이 모두 어느 당의 당원이 되라는 것이었기 때문이다.

허정 씨가 총리서리일 때 비서관이었던 오재경은 당시 지방자치행정에 유별나게 관심이 많았다. 내무부 지방국장이던 한희석 씨와도 친근해졌다.

어느 날 한 국장이 대전과 광주 하나를 택하여 시장으로 가는 일을 생각해 보라고 권했다. 오 비서관은 이 일을 허 총리서리에게 이야기했다가 본전도 못 찾았다.

그 뒤 허정 씨가 서울 시장이었을 때 자유당과 내각에서 그 때문에 정치를 할 수 없다며 허 시장을 몰아친 일이 있었다.

그 때 김일환 내무부 장관이 오재경에게 서울 시장을 권했다. 그는 "뒷자리를 맡아 할 수 없다."고 젊잖게 사양했다. 실은 자신이 모셨던 이를 밀어 내는 모양새가 싫었다. 또 자유와 정의를 지향하던 허정 씨를 몰아내는 것 같아 더욱 고사했다.

4.19 이후에도 서울 시장 후보로 그가 거론됐다. 한참 부정축

재자니 뭐니 하여 시끄러울 때 신민당에서 그를 시장후보로 거론한다고 신문들이 보도 했다.

박정희 대통령 때도 공화당에 입당하고 서울 시장을 맡으라는 제안을 받았다. 그는 "그것(입당)이 나의 목적이어야지, 그것을 이용해서 시장을 할 수 없다."고 사절했다.

마지막으로 박정권이 무너지고 김종필 씨가 그를 대신할 것으로 여겨졌을 때 정일권 씨가 공화당에 입당하라면서 서울 시장 운운했다. 그가 "공화당에 들어갈 것이었으면 박 대통령 살아 있었을 때 들어갔을 것"이라고 대답하고는 덮었다.

그가 남긴 말이다. "이제 지방자치의 때가 다가와 시장선거가 있다 해서 자천타천의 많은 인사가 물망에 오르는 것을 보니 오늘의 나 무척이나 착잡한 마음이다."

2012년 6월 27일 오재경 씨가 자택에서 94세로 영면했다.

세월도 가고, 인걸도 갔다. 기억도 희미해져 간다. 지금은 집들이 앞 뒤 옆을 다 가려 혜화동 언덕배기 옛집의 흔적을 기억해 내기가 어렵다.

혜화동 집의 가구나 액자 책 등 모든 것이 그가 의도한 그대로 지금도 놓여있다. 박 교수는 "소프트 웨어는 오재경, 하드 웨어는 내가"라고 설명했다. 그 집 응접실에는 작은 사진액자들이 가지런히 놓여있었다. 모두 의미 있는 사진들이었지만 파격처럼 질서를 벗어난 한 개가 눈에 확 들어온다.

고양이 사진 한 장이 액자에 들어 있지 않았다. 모든 일에 완벽함을 추구했던 그가 생존해 있었더라면 이렇게 두지는 않았을 것이다.

죽포 오재경이 남긴 발자취는 사람들 마음속에서 두고두고 생각나리라 믿는다. 그는 말보다 행동을 앞세워 나랏일이든, 기업일이든 이끌어 나갔다. 평범하지만 모든 일을 비범하게 처리했다.

그는 자유당 정권과 과거 정권의 부정부패척결을 내세운 5.16군사정부에서도 국무위원을 지낸 유일한 인물이다. 또 그가 참여했던 정부가 언론 탄압을 시도하자 몸으로 저항한 각료이며 참다운 언론 경영인이었다.

오재경이 권력의 횡포와 돈의 유혹에 굽히지 않고 올곧은 가치관을 지켜낼 수 있었던 것은 무엇 때문이었을까. 그가 그럴 수 있었던 것은 권력을 사유화하거나 이용하지 않았기 때문이다. 또 부인들이 가정생활을 전적으로 맡아주었기에 가능했다. 권력을 이용해 여야, 내 편 네 편을 가르거나 이익추구에 사용하지 않았다는 것. 그가 한 일이다.

그가 앉은 자리는 권력을 누리는 것이 아니라, 잡초를 뽑아내는 순수한 심정으로 일하는 자리였다. 또 정치를 하는 자리가 아니라 우리 문화를 향상시키고 빛내는 자리였다.

그는 보수가 지켜야할 국가와 자유와 정의를 죽는 날까지 지키려고 노력했다. 언론의 자유와 역사 그리고 국가의 정통성과 문화를 지키는데 직을 걸고 버텼으며, 막아내려고 온갖 힘을 다 했다.

그러면서도 어느 누구보다도 진보적이었다. 사회개혁을 선도한 행동하는 공직자였다. 그가 발탁하고 중용한 인재가 대한민국의 문화, 방송, 공보분야에서 두각을 나타냈다.

종교의 분열과 권력화를 우려했고 가슴 아파했다. 혼탁한 사회현실을 고치기 위해 국민교육에도 나섰다.

행정을 하는 사람들은 그가 이루어 놓은 일을, 각료들은 그가 공무원을 일하게 만들었던 것을 각각 뒤돌아 볼 필요가 있다. 기업가와 언론사 경영인들은 그가 언론사와 기업을 경영하던 방식을 참고라도 했으면 좋겠다.

회고담 내가 본 오재경

그러나 일을 많이 하다 보니 때로는 오해도 받고 속상하는 일도 있었다. 다정다감한 성격이라 억울한 일을 당하면 어머니 산소에 가서 잡초를 뽑았다. 언제나 단정하고 흐트러짐이 없었으며 술, 담배를 안하시고 세심하고 자상한 분이었다.

손을 씻으셨으며 여름철에는 와이셔츠를 두 번 갈아입는 분이셨다.

내 인생의 멘토 오재경 장관님

김 규
서강대학교 명예교수

멘토란 라틴어로 스승이라는 뜻이다.

내 일생은 장관님의 멘토링이 좌우했다 해도 과언이 아니다.

그분과의 만남은 대학 졸업을 앞두고 이승만 정권의 공보실장으로 계실 때 면접을 통해 공보실에 취업하게 된 것이 계기가 되었다.

장관님이 제일먼저 지시하신 일은 방송법을 연구하라는 것이었다. 우리는 그때까지도 일본 방송법을 그대로 쓰고 있었다. 방송에 대해서 아는 것도 없었고 가르쳐줄 사람도 없었다.

우선 미국, 영국, 프랑스, 일본 방송법을 번역하기로 하였다. 그리고 방송문화연구소를 만들어 우리현실에 맞는 제도와 법을 연구하기로 하였다.

연구소가 어느정도 자리를 잡아가자 장관님은 경무대에서 대통령이 초대하는 외국 언론인들을 도우는 일을 하라는 것이었다. 나는 프로토콜에는 아무런 경험이 없었다.

이승만 대통령은 오랜 미국생활을 통해서 정치와 언론의 관계를 누구보다 잘 이해하고 스스로 실천하는 분이었다. 날씨가 좋을 때면 경복궁 뜰을 거닐던가 낚시를 하시면서 초대한 언론인과 담화를 하시거나 필요할 땐 집무실에서 직접 타이핑한 서신을 보내시는 분이었다.

어느 겨울날 휴전선 근처에서 일어난 일은 내 인생에서 가장 잊혀지지 않는 사건이 되었다.

그러던 어느날 미국의 짐 루케스 신디케이트 칼럼리스트를 안내하여 전방을 다녀오라는 지시를 받았다. 그는 언론계의 노벨상이라는 퓨리쳐상을 두 번이나 받은 대단한 친한파 논설가였다. 이 대통령과는 각별한 사이였으며 내 눈에는 부자처럼 보였다.

동부전선에서 짚차로 전방초소들을 둘러보고 속초 비행장으로 왔을 때 눈이 조금씩 내리고 있었다. 서울에서 비행금지 통보가 온 것을 모르고 일행은 L19를 타고 몇 개의 능선을 통과하고 있었다. 눈은 폭설로 변하더니 앞 유리창 와이퍼가 고장나서 순식간에 두꺼운 눈으로 덮였으며 비행이 불가능한 상황에 이르렀다. 위기관리에 뛰어난 루케스는 파일럿 박 대위에게 휘발유를 모두 빼버리고 불시착을 하자는 것이었다. 우리는 고개를 무릎에 파묻고 눈을 감고 "크래쉬 랜딩"에 대비하였다. 심한 충격과 함께 나는 정신을 잃었다. 깨어보니 머리에서 피가 흐르고 있었으며 루케스는 내 등을 어루만지고 있었다. 그 순간 제일 먼저 떠오른 것이 여기가 이북 땅이면 어떻게 하나하는 걱정이였다.

깨진 유리틈으로 들어오는 세찬 추위에 고통받는 루케스에게 내 코트를 입혀주고 나는 박 대위와 함께 어둠속에서 눈 덮인 산을 내려가 한참만에 외딴 농가를 찾아 이남 땅인 것을 확인하고 다시 돌아가 루케스를 데리고와 하룻밤을 지냈다. 루케스를 붙들고 눈덮인 산을 내려오면서 나는 사고 때 어깨에 골절상을 입었다는 것을 알게 되었다.

KNA 납치사건이 일어나 남북관계가 긴장된 때였다. 서울에서는 대통령, 국방부장관, 각 군 참모총장, 오 장관 등이 모여 이북 방송을 틀어놓고 납치나 사고를 걱정하며 밤을 새웠으며 전방에는 비상 수색 명령이 내렸다고 한다. 다음날 여단장의 에스코트로 서울에 도착해보니 이 박사는 짐 루케스를 안고 안도의 숨을 쉬었으며 장관님은 나를 병원으로 데리고 갔다.

이 사건이 일어난 후에 장관님과 루케스와 나 사이는 각별한 관계가 된 것 같다.

루케스는 자기 때문에 젊은 사람이 희생이 되나보다 싶어 몹시 안타까워 했다는 말을 오장관을 통해 들었다.

그는 제니스사의 스테레오 한 세트를 보내겠다고 하기에 내 하숙방에는 어울리지 않는다며 사양을 하였다. 그 후 오 장관님은 미국무성 장학금을, 루케스는 특별장학금을 마련하여 나를 시라큐스 대학원으로 유학을 떠나게 해주었다.

루케스는 기회가 있으면 자기 집으로 초대하였으며 미국에서 살고 싶으면 방송학 특히 텔레비전을 전공해보라는 조언도 해주었다.

1950년대 말에 시라큐스에는 한국 유학생이 없었으며 텔레비전 전공도 한국으로서는 거리가 먼 분야였다. 미국생활을 장관님에게 편지나 전화로 일일이 보고하였으며 장관님은 원한다면 루케스에게 부탁해 졸업후 직장을 구해보라는 말씀을 하셨다. 그때는 공보실장직을 떠난 후였다.

미국은 소위 텔레비전 정치(telecracy) 시대가 열린 때였다. TV는 케네디를 대통령으로 만들었으며 3대 네트워크는 황금기를 누렸고 에드워드 머로, 뉴톤 미노우, 월터 크롱카이트같은 TV계의 거물들이 출현한 시대였다. 루케스는 아이젠하워 대통령의 공보비서실장을 했던 제임스 해거티와 가까운 사이였으며 그때 해거티는 A.B.C 보도담당 사장이었다. 흔히들 아이젠하워 대통령은 매일 골프를 쳤으며 대통령 직무는 해거티가 대행한다는 말까지 나올 정도로 영향력이 큰 사람이었다.

졸업을 할 무렵 루케스가 해거티와 인터뷰를 주선하였다는 전화가 왔다.

뉴욕의 해거티 사무실에서 영어, 일어, 한자에 대한 간단한 테스트를 마친 후 보도매체에 대한 토론을 하자고 제의하기에 겁도 없이 아는 것을 털어놓았다. 해거티는 1년 동안 미국에서 보도

생활을 실습하고 아시아 특파원으로 보낼 테니 한국, 일본, 대만 그리고 국교를 앞둔 중국을 커버하면 어떠냐는 제의를 했다.

물론 즉석에서 수락했다. 1년 동안 매주 1권씩 책을 읽고 자기와 독후감을 토론하는 것이 조건이었다.

여름 한철 유급휴가를 줄 테니 가을부터 출근하라는 특혜까지 베풀어 주었다.

센트럴파크를 거닐면서 세상이 내 것 같다고 느꼈다 아파트도 얻고 결혼도 하고 취직을 보장 받았으니 더 바랄 것이 없었다.

그러던 어느날 밤중에 장관님이 전화를 하셨다. 박정희 의장이 그해말까지 텔레비전 방송국을 완성하라는 명령을 하셨으니 빨리 귀국하라는 것이었다.

1인당 개인 소득이 얼마인지도 모르는 어려운 나라에서 무슨 TV를 하냐고 거절하였더니 20만달러와 1억원이 준비되어 있다고 하셨다. 나는 TV 전문가도 없고 기술자도 없고 경험도 없으니 어떻게 방송을 하냐면서 완강히 거절하였다. 다음날 전화에서는 여권을 취소하겠다고 말씀하시며 화를 내셨다. 내 생전 처음으로 장관님의 말씀을 거역하고 하시려는 일에 반대한 사건이었다. 해거티와 루케스에게도 내게 귀국을 종용하라는 말씀을 하신 것 같았다.

미국생활을 포기하고 돌아와 남산의 TV 방송국 건설현장에 가보니 방송 국장인 육군 군악대대장과, 감독관인 육사생도대장이 마중하여 주었다.

장관님은 미안하다고 하시면서 남들이 못하는 어려운 일을 하고 나라와 국민을 위하는 것이 얼마나 좋은 일이냐고 격려를 하셨다.

방송국 건설현장에 야전 침대를 두고, 최소한의 방송기재를 R.C.A사에서 수입을 하고, 프로듀서, 드렉터, 리포터 후보생들을 뽑아 부산 여관방에서 일본 TV를 보며 공부를 시켰다. 일본에서 수상기 3천대를 구입하여 사람이 많은 곳에 설치하고 프로그램을 개발하여 6개월 후에 전파를 발사하겠다는 모험을 시작한 것이었다.

그해 12월 31일 난방시설이 없어 장작불을 피워놓고 최초의 전파를 송출하였다. 박정희 의장, 김종필 부장까지 모두 오셔서 기뻐하시는 것을 보고 오 장관님은 만족하셨으며 나는 지금부터가 문제구나하는 생각을 하였다.

오 장관님의 일에 대한 열성을 당해낼 사람이 없었다.

자기 인생의 좌우명에 취미도 없고 휴식도 없고, 일이 내 전부라고 써놓은 것이 있다. 그리고 최고가 못되어도 최선을 다해야 한다는 말도 있다.

KBS TV는 이것을 실천한 대표적인 프로젝트였다. 스튜디오 하나와 카메라 3대 창문에는 가마니를 치고 마루에는 콘크리트를 깔고 셋트제작소리 고함소리로 대사전달이 않되는 방송을 하면서 나는 이것은 TV 방송국이 아니라고 혼자 중얼거렸던 기억이 난다.

장관님은 기독교신앙과 애국심 그리고 국가발전에 헌신하겠다고 굳게 결심한 분이었다. 생활은 일하는 것이 전부였으며 하면 된다는 굳은 신념과 주위 사람들까지 끌고 가는 인력 같은 것이 있었다.

원각사 재건사업을 계획하였으나 자금을 못 구해 고민하시는 것을 곁에서 본 나는 어느날 제가 아는 재력가를 설득해 보시라고 조언을 하였다. 그리고 그전에 그분의 성품, 기호, 취미 심지어는 좋아하는 음식까지 알아내셔서 세심한 준비를 하시라고 말씀드렸다. 열심히 준비하여 놀라운 설득력을 발휘하는 것을 보고 나는 감탄을 금하지 못하였다.

두 분은 서로 뜻이 맞아 깊은 공감대를 형성하였다. 그분의 재정적 도움으로 원각사는 완성되었다.

그러나 일을 많이 하다 보니 때로는 오해도 받고 속상하는 일도 있었다. 다정다감한 성격이라 억울한 일을 당하면 어머니 산소에 가서 잡초를 뽑았다. 언제나 단정하고 흐트러짐이 없었으며 술, 담배를 안하시고 세심하고 자상한 분이었다.

손을 자주 씻으셨으며 여름철에는 와이셔츠를 두 번 갈아입는 분이셨다.

가끔 우리집에 오시면 손수 가구를 재배치하기도 하였다. 한

번은 너무 취미가 없으신 것 같아 골프를 배워 보시라고 골프장에 모셨더니 잡초 뜯기에 열중하시기에 포기한 일이 있었다. 그는 자기를 잡초 뽑는 인생을 사는 사람이라고 말한 적이 있었다. 물론 나도 비행기 사고 때 입은 어깨의 골절상으로 골프에 열중하지는 못했다.

어떤 때는 월급도 나눠주시고 정초에는 손수 떡국을 떠 주시는 일도 있었다. 유머의 감각도 풍부하여 번쩍이는 기지와 재치가 넘치셨다.

말년에 휠체어를 타시는 생활을 하시면서도 조금도 흐트러짐이 없었으며 늘 단정하고 스마트한 신사의 품성을 유지하였다.

장관님은 저에게 일생을 통한 멘토였다. 중년까지 거의 모든 일을 장관님의 지도에 따랐다.

KBS를 떠나 동양 TV를 만들고 국가방송제도 연구위원회를 운영하고 방송위워회 일을 할 때도 중요한 것은 장관님에게 상의를 하였다. 그리고 대학생활에서도 방송학회를 창립하고 서강대 영상대학원을 설립하고 미디어 센터를 만들 때도 장관님의 조언을 받았다.

임종을 하시기 전에 잡아보았던 그 손의 감촉은 잊을수가 없다.

세익스피어는 죽음이란 영원히 잠자는 것이며 우리가 죽음을 두려워 하는 것은 영원한 잠속에서 악몽을 꿀까봐 걱정하기 때문이라고 하였다.

장관님은 일생을 통해 국가와 사회를 위해 훌륭한 봉사만 하셨으니 좋은 꿈만 꾸시리라 믿는다.

베풀어주신 멘토링에 깊이 감사드리며…

르네상스 맨 오재경 선생

김동길
태평양시대위원회 고문

내가 아는 오 선생님은 완벽주의자시다. 평소 오 선생의 정신 가운데 하나를 꼽자면 '철저하자'를 둘 수 있겠다. 선생은 무슨 일이든 완벽해야만 했다. 특히 시간문제에 있어서는 더 그랬다. 오 선생은 언제나 시간을 지키고, 모임역시 정확히 제 시간을 지켜 순서를 진행했다. 오 선생님에게 '코리아 타임'은 없었다. 그렇게 정확하게 인생을 산 분이 바로 오 선생이다. 지금도 우리는 오 선생의 정신을 받들어 시간을 지키려 노력한다.

인생을 정확하게 이끌어가는 것. 그건 오 선생의 장점이자 힘이다. 오 선생을 르네상스(Renaissance) 시대의 다각적인 인물로 이야기할 수 있을 것 같다. 르네상스 시대의 이상적인 인물은 다각적인 인물이었다. 어느 한 분야만 잘하는 것이 아니라 다방면으로 여러 가지 소양을 갖춘 사람을 르네상스시대의 이상적인 인물로 여기는데, 바로 오 선생이 그런 사람이다. 그 이상적인 인물을 영어로 표현하면 웰 라운디드 맨(well-rounded man)쯤이 될 것 같다. 말 그대로 천재라는 말이 더 맞을 것 같다.

토마스 에디슨은 천재를 1%의 영감과 99%의 노력으로 되는 것(Genius is one percent inspiration and ninety nine percent perspiration) 이라고 했다. 하지만 난 그렇게 생각하지 않는다. 오 선생을 보면 천재성은 타고난 것이라는 생각이 든다. 그냥 노력한다고 해서 되는 게 아니라는 사실을 오 선생을 보면서 느꼈다. 재능이 없는 사람을 죽도록 공부시켜서 법관을 시키고, 의사를 만든다 해서 그 분야에서 두각을 나타내지 못한다. 적어도 그 분야에 재능을 가진 사람을 공부시켜야 천재도 나오고 오재경 선생 같은 사람도 나오는 것이다.

대구에 강연을 갈 때마다 나는 달성공원을 찾는다. 달성공원 입구에는 그곳 출신인 한 재일동포가 기증한 동물원이 있다. 공원 안으로 들어가면 한 시비(詩碑)가 있는데, 그 시비는 바로 '빼앗긴 들에도 봄은 오는가'의 주인공 이상화를 기념해 만든 시비다. 이상화는 일제시대의 인물로 매우 애국적인 시인이었다. 그는 일제치하에서의 답답한 심정을 '빼앗긴 들에도 봄은 오는가'라며 읊었는데, 그 달성공원 안 시비에는 천재적인 그의 시가 남아 있다. '마돈나 밤이 주는 꿈, 우리가 얽는 꿈, 사람이 안고 궁그는 목숨의 꿈이 다르지 않으니, 아, 어린애 가슴처럼 세월 모르는 나의 침실로 가자, 아름답고 오랜 거기로.' 그 시는 바로 '나의 침실로'라는 시인데, 이상화가 열여덟인가 열아홉에 쓴 시이다. 정말 그의 천재성이 드러나 있는 아름다운 시이기도 하다. 시인에게 천재성이 없다면 이 시는 나오지 않았을 것이다.

오재경 선생 역시 타고난 천재성으로 다각적으로 두각을 나타냈다. 그런 오재경 선생은 참 자유로운 교육을 받은 분이다. 아마도 그의 천재성과 자유로움은 거기서 기인하는 지도 모른다. 요즘 아이들처럼 공부에만 짓눌려 꽃이 피는지, 계절이 가는지도 모른 채 그렇게 도서관에서 공부만 하며 생을 억압당하며 성장한 것이 아니라 선생은 충분히 세상과 교감하며 그렇게 성장했다. 게다가 선생은 가정에서 기독교적 가치로 양육되었다.

선생은 평소 자기 자랑을 하지 않았다. 때문에 나는 오 선생의 아버님이 목사님인건 알았지만 그 밖의 것은 일절 몰랐다. 나중에야 선생의 아버님이 국회의원이었고, 또 6.25때 납북되었다는 사실을 알았다. 그러니 그 천재성이 더 잘 발현될 수밖에. 그런 선생은 릿교(rikkyo) 대학을 나왔다. 어머니는 권사님이었다. 그래서 그런지 선생에게서는 기독교적 자유가 느껴졌다. 영혼도 자유로웠고, 타인에 대한 사랑도 있었다. 마틴 루터(Martin Luther)는 '기독자의 자유'라는 팜플렛(pamphlet)을 썼다. 기독자의 자유. 기독자는 누구에게도 굽히지 않는 선을 가진 그런 군주다. 동시에 만인을 섬겨야 하는 종이다. 그 두 가지를 시작한 것이 마틴 루터이다. 헌데 마틴 루터가 말하는 그 기독자의 자유가 선생에게도 있었다. 그것은 기독교적 가정에서 자랐기 때문인 것으로 짐작된다.

사실 선생은 퍽 이른 나이에 출세라는 것을 했다. 하지만 그는 사람들 위에 군림하지 않았고, 오히려 그들을 섬겼다. 선생의 삶이 그랬다. 대학을 졸업하고 한국에 나와서는 박흥식 사장의 비서를 했는데, 이때부터 본격적으로 그의 천재성이 발휘되었다. 다시 말해 선생은 모든 것을 빨리 익히고 습득해 사람들의 눈에 들었다. 스물일곱 살에 보건후생부의 보건후생시설국장을 할 정도로 출세가 빨랐다. 그 뒤로도 선생의 출세는 탄탄대로를 달렸다. 하지만 선생은 모든 것을 섬기는 자세로 일을 했다. 사람을 위해 자신을 헌신하는 삶을 사신 것이다. 모든 요직을 두루 거친 탓에 우리 근현대사에 있어서 오재경 선생의 이름은 절대 빠지지 않는다. 웬만한 거물들의 이름은 선생과 함께 거론이 될 정도이니, 얼마나 그의 삶이 대단했는지 알만하다. 서른에 감찰위원장이신 정인보 선생 밑에서 청모과장으로 일을 했고, 서른두 살에는 조병욱 내무부 장관 밑에서 총무과장을 지냈으니 더 이상 설명이 필요 없다. 젊은 나이에 총리서리의 비서관, 문교부 장관의 보조관은 물론 일찌감치 이사관까지 되었으니 그 능력이 출중하지 않으면 절대 할 수 없는 일이다.

하지만 선생은 개인적인 치부나 욕심을 부리지 않은 분으로도 유명했다. 누구든 높은 자리에 앉으면 저절로 치부의 유혹을 받게 마련이지만 선생은 그러지 않았다. 청렴결백은 기본이고, 오로지 섬기는 자세로 공직생활을 이어나갔다. 다시 말해 퍼블릭(public) 서번트(servant), 공직의 머슴이나 심부름꾼 자세로 일을 했던 것이다.

우리 주변에서 볼 수 있는 것들 가운데 오 선생이 관여한 일이 많다. '코리아 하우스'나 '영빈관'도 그 중 하나다. 헌데 사람들은 그걸 알지 못한다. '코리아 하우스'를 만들 때 오 선생은 처음부터 끝까지 일일이 간섭하고 참여했다. 심지어 거기에 둘 작품이나 그림조차도 오 선생이 모으고 기증하고 했다. 청전 선생의 두 폭 짜리 병풍도 선생이 만들어 기증했다. 그 당시에는 청전 선생하면 누구나 다 아는 유명한 화가였다. 헌데 나중에 일이 있어 오 선생이 잠깐 그 두 폭 짜리 병풍을 빌리려했다가 거절당한 일이 있었다. 그때 오 선생은 무척 서운해 했다. 하지만 이내 오 선생은 마음을 돌렸다. 자신이 기증한 작품이라 해서 더 이상 자신의 것이 아니고, 또 자신의 임의대로 할 수 있는 것이 아님을 알았던 것이다.

선생은 예술분야에도 관심이 많았다. 화가나 문인들이 생활할 수 있도록 여러 방면으로 도왔고, 그들이 활동할 수 있는 길을 만들어주기도 했다. 그것은 예술에 대한 관심 없이는 할 수 없는 일이었다. 그렇게 오 선생은 타고난 예술적 감각은 물론 미적감수성도 지닌 분이었다.

그래서인지 선생은 보통사람과는 다르게 옷을 하나 해 입어도 멋스러웠다. 아주 핸섬한 사람이 바로 오 선생이다. 일하느라고 옷을 허술하게 입거나 함부로 입지도 않았다. 오 선생을 보면 옛날 오산학교 교장이던 이승훈이란 분이 떠오른다. 남강 이승훈 선생은 참 옷을 잘 입고 다니셨다. 왜 그렇게 옷에 신경을 쓰냐고 묻자 선생은 그랬다. 얼굴도 못 생겼는데, 옷까지 허름하게 입고 다니면 일본 사람들이 우습게 본다고. 그러니 그들에게 우습게 보이지 않게 하기 위해 좋은 옷을 해 입고 다닌다고 했다. 또 이승훈 선생은 기차도 일등칸만 타고 다녔는데, 사람들이 왜 일등칸만 고집 하냐며 3등 칸도 좋다고 하자, 남강 이승훈 선생은 이렇게 대답했다. 못난 사람이 삼등칸에 쭈그리고 앉아 가다보면 일본사람들이 우습게 본다고. 그래서 꼭 일등칸을 타고 간다고.

헌데 오재경 선생은 이승훈 선생이 말하는 것처럼 얼굴이 못생겼거나 그러지 않았다. 아주 핸섬하기 그지없는 사람이 오 선생이었다. 핸섬할 뿐만이 아니라 옷도 잘 갖춰 입었고, 행동도 일등이었고, 생각도 일등이었고, 뭐든 일류였다. 세계 어디에 내놓아도 손색이 없는 인물이 바로 오재경 선생이었다. 뉴욕 브로드웨이에는 참 잘 생긴 서양 사람들이 많다. 하지만 우리도 지지 않는다. 오 선생 같은 사람이 있으므로. 오 선생은 아주 타고난 대단한 사람으로 그들에게 절대 꿀리지 않는 것이다.

오 선생은 어느 시대에서나 가장 필요한 사람 중의 한 명이었다. 군사정권에서도 오 선생은 자신의 역할을 다했다. 어느 한쪽으로 치우치지 않고 늘 중용을 지킬 줄 알아 그의 능력은 더 빛이 났다. 사람들에게 원망도 사지 않아 정권이 바뀌어도 오 선생은 중용이 되었다. 그것은 자신의 사익보다는 공직자로서 사회와 국민들을 먼저 생각하는 마음이 컸기 때문일 것이다. 그 때문에 선생 밑에서 일하는 사람들은 힘이 들기도 했다. 무슨 일이든 매사에 완전무결 해야만 직성이 풀리는 퍼펙셔니스트(perfectionist)라 아랫사람들은 선생을 감당하기 어려웠을 것이다.

나중에 선생이 휠체어를 타게 됐을 때 남의 시선을 의식할만한데도 선생은 그러지 않았다. 조금도 거리낌 없이 세상으로 나왔고, 그때도 아주 단정했다. 하지만 마음에 조금이라도 불편한 게 있다면 나가지 않았다. 자신이 나아갈 자리와 물러설 자리를 정확하게 아는 멋진 사람이 바로 오 선생이었다. 그게 바로 인간적인 멋인 것이다. 휠체어를 타면서도 자신이 해야 할 일을 하는 것. 자신과 타인에게 당당한 것. 그러니 얼마나 멋있는 사람인가. 인간의 멋은 다른 데에 있지 않다. 장관이 되거나 높은 자리에 있을 때 사람들은 흔히 교만해지기 쉽다. 하지만 오 선생은 그러지 않았다.

내가 오 선생을 만난 것은 1954년 때의 일이었다. 서울을 수복하고 나서 김활란 박사님이 하회동에 사셨는데, 거기서 오재경 선생을 만났다. 지금도 그때 그 모습이 생각난다. 하긴 오재경 선생을 좋아하는 사람이 어디 나뿐일까. 나는 물론이거니와 모든 사람들이 그이를 좋아하고, 좋아했다. 부정부패를 모르고, 오만하거나 교만하지 않고, 인간의 멋이 풍기니 왜 좋아하지 않을 수 있을까. 게다가 핸섬하기까지 하니 다 좋아할 수밖에. 사람들에게 인기가 많았지만 사생활은 깨끗했다. 여성들과의 그 흔한 스캔들 한번 없이 깨끗한 사람이 바로 오 선생이었다. 그저 진정한 크리스찬으로서 공명정대하게 일을 하고 하나님을 섬기면서 깨끗하게 살다간 위대한 정신의 소유자가 오재경 선생이시다.

나는 그분을 알게 된 것을 큰 행운이자 기쁨으로 생각한다.

우리나라 언론과 문화의 초석을 다지신 분

방우영
조선일보 상임고문

내가 오재경 장관을 만난 것은 오십여 년 전의 일이다. 그때 나는 신문기자였고, 문교부에 출입하고 있었다. 이선근 문교부 장관 부속실에서 한 젊은 친구를 만났다. 옷차림이 단정하고 용모도 수려한 그 청년은 영문으로 타이프를 치고 있었다. 유난히 눈길을 잡아끄는 청년이었다. 나는 비서실장에게 그 친구가 누구냐고 물었다. 그랬더니 유네스코에 보고할 교육관계연구조사 결과보고서를 만드느라 잠시 나와 있는 오재경이라는 청년이라고 답했다. 그렇게 나는 오재경 장관을 처음 보았다.

나는 가끔 오재경 씨와 만나 깊은 대화를 나누었다. 한 예로 이승만 박사시절 한글 파동이 일어났을 때 나는 오재경 씨의 도움을 받아 기사를 쓸 수 있었다. 상황이 어떻게 돌아가는지 앞으로 어떻게 될지 오재경 씨는 나에게 이런저런 이야기들을 해주었다. 그렇게 우리의 교분은 쌓여갔고, 두터워갔다.

1953년인가, 오재경 장관이 공보실로 발령받아 경무대에 들어가 근무할 때였다. 하루는 오재경 장관한테서 전화가 걸려왔다. 좀 보자는 것이었다. 나는 궁금한 마음으로 한달음에 달려갔다. 오재경 장관은 나를 보더니 심각한 표정으로 용건을 이야기했다. 그러니까 국무회의 석상에서 김활란 박사가 조선일보 제호를 바꿨으면 좋겠다는 의견을 내놓았다는 것이다. '조선'은 조선인민공화국에서 쓰는 '조선'과 어감이 같아 왠지 거북하다는 것이다. 그러니 아무래도 조선일보가 이 같은 사실을 알고 있는 것이 좋을 것 같아 미리 귀띔을 해주는 것이라고 했다.

나는 그 길로 신문사로 들어와 이 이야기를 간부들에게 전했다. 간부들 역시 나와 똑같은 생각이었다. 조선일보 제호를 바꾸는 일은 말처럼 그렇게 쉽지 않았다. 제호를 바꾸게 되면 반세기에 이르는 조선일보 역사가 하루아침에 흔들리는 거나 다름없었다. 신문사에서는 회사의 존립을 걸고 '조선'을 지키기 위해 부심했다. 그런 노력 덕분에 이승만 박사는 "조선은 우리나라의 고유명사다. 그러니까 조선이라는 이름이 문제될 게 없다. 제호를 바꾸지 말고 조선일보 그대로 쓰라"고 이 문제를 정리해주었다.

그때 오 장관님이 없었더라면 아마 조선일보의 운명은 달라졌을지도 모른다. 그러니 나에게나 조선일보에게 오재경 장관님은 얼마나 고마운 분인지 모른다.

내가 살면서 많은 사람을 만났지만 그 중에서도 특히 두 분은 잊을 수 없다. 그 중 한 분이 바로 오재경 장관님이다. 수려한 용모에 댄디한 신사가 바로 오재경 장관님이다. 그런 분이 5.16 혁명 이후 공보부 장관으로 발탁되었을 때 나는 참 다행스러운 일이라고 생각했다. 헌데 어느 날 오재경 장관님이 나를 찾으셨다. 이번에는 또 무슨 일일까 궁금한 마음으로 나는 오 장관님을 찾았다. 그랬더니 오 장관님께서 넌지시 나에게 경고를 하셨다. 박 대통령이 부정부패 언론과 언론인을 처벌할 생각으로 그와 관련한 법을 만들고 있으니까 잘하라는 것이었다. 그러면서 몇 명의 이름들을 일러주기까지 했다. 나는 감사한 마음으로 인사를 드리고 다시 신문사로 돌아와 이 같은 내용을 간부들에게 알렸다. 덕분에 우리 신문사는 부정부패 척결에 나섰고, 사정의 칼날로부터 피해갈 수 있었다.

그분을 지켜보면 지켜볼수록 참 지혜롭고 훌륭한 사람이라는 것을 알 수 있다. 나에게 삼성의 이 회장처럼 우리나라에서 가장 바쁜 사람 세 사람을 꼽으라면 나는 주저 없이 오 장관님을 꼽는다. 오 장관님의 수첩을 보면 깨알 같은 글자들이 빽빽하게 적혀 있다. 스케줄이 가득해 까맣게 보이는 그 수첩이 하도 신기해 나는 그 수첩을 사진으로 찍어두기까지 했다. 언젠가 오 장관님에 대한 글을 써야지 하는 마음도 있었다. 수첩이 까맣게 보일정도이니 그분의 하루가 어떠했으리라고 짐작이 갈 만하다. 아침부터 저녁까지 동분서주, 정신없이 바빴다. 그렇다고 건성으로 일을 처리하지 않으셨다.

오 장관님이 공보부 장관으로 계실 때, 나는 한국영화발전을 위해 청룡영화상을 만들었다. 명동에 있는 시민회관에서 첫 시상식을 갖는데, 감사하게도 오 장관님이 식이 열리기 이틀 전부터 오셔서 조명에서 진행과정, 절차에 이르기까지 하나하나 다 챙겨주셨다. 생각해보면 나는 살아오는 동안 오 장관님에게 퍽이나 많은 사랑과 은혜를 입었다.

오 장관님은 안 좋은 일을 당했을 때도 참 의연하셨다. 한번은 혜화동에 있는 오 장관님 댁이 불이 나 모든 것이 타버렸을 때 나는 그저 위로밖에 더 드릴 것이 없었다. 내가 어떻게 위로의 말씀을 드려야 할 지 모르겠습니다라고 말씀 드렸더니, 오 장관님은 너무나 맑은 표정으로 대답하셨다. 재산이라는 것은, 그러니까 재물이라는 것은 있다가도 없고, 없다가도 있는 것이니 걱정하지 말라고. 정말 타버린 그 재물에 미련이 없어 보이는 얼굴이었고 표정이었다. 생각하면 생각할수록 참 깨끗한 분이 바로 오 장관님이셨다.

우리나라에 이 분만한 사람이 또 없다. 문화부 장관을 하시면서 케이비에스(KBS TV)를 창설한 것도 오 장관님이셨고, 또 관광공사에 계시면서 황폐한 한국관광을 진흥시키고 발전시키려 노력한 분도 바로 오 장관님이셨다. 한국이 이만큼 관광한국으로 자리를 잡은 데는 그분의 공도 크다.

그분은 언론계에도 계셨다. 장관님이 동아일보 사장으로 계실 때 우리는 그 분에게 동아일보가 발행인협회 회장을 맡아달라고 간청 드린 적이 있었다. 그분이 딱 적임자였고, 모든 사람이 동의해서 이루어진 일이었다. 그랬더니 그분은 고사하셨다. 욕심도 없고 미련도 없으니까 다음에나 한번 생각해보자고 우리의 청을 거절하셨다.

그분은 무엇보다 명분과 의리와 정의를 먼저 생각하신 분이었다. 세상을 살다보면 공명이나 명예, 그런 것에 욕심이 날만도 하지만 오 장관님은 그런 것에는 초연하셨다.

그분과 관련해서 한국 로타리 클럽를 빼놓을 수 없다. 내가 연세대학교 재단 이사장을 맡고 있을 때였다. 하루는 오 장관님이 점심을 먹자고 나를 초대했다. 그 분은 그 자리에서 나에게 한 가지를 제안했다. 연세대학교 출신 동문들이 이십만 명이 넘었는데 로타리 클럽 하나를 만들라는 것이다. 나는 부끄럽게도 그 때 로타리가 어떤 클럽인지 알지 못했다. 나는 오 장관님에게 로타리가 뭐하는 클럽이냐고 물었더니 친절하게 설명해주셨다. 그러면서 연세대학교 교육 이념이 사랑과 봉사의 정신인데, 로타리 클럽 역시 사랑과 봉사를 위해서 활동하는 국제적인 봉사기관이니 맞춤하지 않느냐고 말씀하셨다. 그러니 연세대학교가 앞장서서 클럽 하나를 만들라고 주문하셨다. 나는 그렇겠다고 대답했다. 그리고 뒤편의 무악산의 이름을 따 우리회의를 무악로타리 클럽으로 명명하고 일주일에 한번씩 모임을 갖게 되었다. 때문에 오 장관님과는 일주일에 한번씩 만나게 되었다.

사실 바쁜 사람들이 모여 있는 곳이 로타리 클럽인데 일주일에 한번씩 만나려니 이만저만 어려움이 따르는 것이 아니었다. 그래서 나는 오 장관님에게 회원들의 고충을 말씀드렸다. 다들 바쁘니 한 달에 한번만 모이면 족하지 않겠냐고. 그랬더니 오 장관님은 단호하게 안 된다고 말씀하셨다. 그때 오 장관님은 국제로타리 클럽의 이사를 맡고 계셨다. 오 장관님은 나더러 로타리 클럽과 봉사에 대해 공부해보라며 캐나다 캘거리에서 열리는 로타리 총회에 나를 데리고 가셨다. 가서보니 쟁쟁한 인물들이 다 모여 있었다. 그들은 그곳에 모여 기금을 모으고, 그 기금으로 어려운 이웃을 돕고, 아프리카 기아들을 돕고 있었다. 버는 만큼 그들은 자신들의 것을 나누고 있었다. 나는 로타리가 훌륭한 국제기구라는 것을 실감할 수 있었다. 그렇게 오 장관님의 주문으로 무악로타리를 만들어 지금까지 봉사를 계속하고 있다. 지금은 회원 수도 이백 명을 넘는다.

지금 생각해보면 오 장관님은 참으로 많은 일들을 하셨다. 문화공보부 장관으로서 문화, 예술은 물론, 관광공사에 계시면서 한국 관광 진흥에 참으로 많은 업적을 남기셨다. 또 언론계의 어른으로, 동아일보 사장으로 한국 언론의 자유를 위해서도 많은 공을 세우셨다.

그 분은 다재다능한 분이셨다. 그리고 그 다재다능함만큼이나 업적도 대단하다. 그 업적들을 일일이 다 열거할 수는 없지만 그분이 있었기에 우리나라는 많은 부문에서 초석을 다질 수 있었다고 생각한다.

그분은 연세가 드셔도 어디 한 곳 흐트러진 데가 없었다. 어느 모임이고 간에 빠지지 않고 나와 힘닿는 데까지 도와주셨다. 나중에는 부인이 휠체어를 밀고 나와 끝까지 동참해주었다. 내조의 힘은 젊을 때도 그랬지만 장관님께서 연세가 드신 후로도 컸다고 생각한다. 그 내조의 힘이 장관님이 그토록 열정적으로 일을 할 수 있도록 만든 원동력이 되었을 거라고 생각한다.

그런 훌륭한 분이 계셨다는 것은 우리의 행복이자 나라의 행복이다. 돌아가시는 순간까지 품위를 잃지 않고 꼿꼿하게 계시다 간 것은 아마도 그 분의 성품 때문이었을 것이다. 물론 내조의 힘도 한몫했다.

이 자리를 빌어 그분의 업적과 활동을 밝힐 수 있게 되어 무척 행복하고 고맙다.

거듭 감사하다.